어린이 과학 질문 사전

왜? 어떻게?
물어볼수록 똑똑해지는
과학 지식 100

정윤선 지음 | 구연산 그림

바이킹

24시간이 다 과학이래요
왜? 어떻게? 진짜로?

오전 7시
내 방: 알람 소리가 울리기 전인데 왜 눈이 떠지는 걸까? 👉 18쪽

오전 8시
현관문: 비가 오는 날 왜 할머니는 무릎이 아플까? 👉 34쪽

오전 10시
교실: 우유를 먹으면 왜 배가 아플까? 👉 99쪽

오전 11시
음악실: 리코더를 불 때 구멍을 열수록 왜 높은음이 날까? 👉 91쪽

오후 12시 30분
급식실: 왜 먹기 싫은 브로콜리까지 고루 먹어야 할까? 👉 101쪽

오후 1시 30분
과학실: 정전기는 살아 있다! 👉 32쪽

오후 5시
치과: 충치를 다 없애는 약이 있을까? 📖 30쪽

저녁 6시
친구 집: 컴퓨터는 어떻게 작동하는 걸까? 📖 74쪽

오후 4시
놀이터: 미끄럼틀을 타면 왜 엉덩이가 뜨거워질까? 📖 121쪽

저녁 7시
집: 옆집 강아지는 왜 나만 보면 꼬리를 흔들까? 📖 155쪽

저녁 8시
화장실: 욕실에서 노래하면 왜 더 잘 부르는 것 같을까? 📖 179쪽

저녁 10시
내 방: 달은 왜 매일 모양이 변할까? 📖 189쪽

오후 3시
미술실: 명화 속에 숨겨진 비밀을 어떻게 알아낼 수 있을까? 📖 93쪽

오후 2시
운동장: 갑자기 방향을 바꾸는 커브볼을 어떻게 던질까? 📖 114쪽

이 책을 읽는 여러분에게

매일 호기심이 가득한 하루가 되기를!

오늘 아침 학교 가는 길에 무엇을 보았나요?

아침 햇살에 반짝이는 이슬, 화단에 핀 예쁜 꽃, 운이 좋으면 달팽이도 보았을 거예요. 그리고 왜 화단의 꽃은 알록달록한지, 달팽이는 큰 집을 지고 다니는지와 같은 궁금한 점이 떠오르기도 했을 거예요.

학교에서도 마찬가지예요. 왜 지우개는 지우개 가루를 남기는지, 피구 공은 왜 통통 튀어 올라 잡기 어려운지, 뛰고 나면 왜 숨이 차는지와 같은 질문이 떠오르곤 하지요.

무엇인가를 궁금해하고 알고 싶은 마음을 호기심이라고 해요. 아리스토텔레스는 호기심이 인간을 인간답게 하는 특성이라 했어요. 그리고 이처럼 세상의 신비하고 이상한 현상을 보며 "왜 그럴까?" 질문하는 것이 과학의 출발이랍니다. 위대한 과학자들도 호기심이 많았어요. 갈릴레이는 목성 주변의 천체에 의문을 가져 지동설을 증명했고, 뉴턴은 달과 사과를 보면서 만유인력의 법칙을 생각해 냈지요. 이렇듯 과학자들은 호기심에 대한 답을 찾으며 과학을 발전시켰고, 우주를 탐사하는 시대로 이끌었답니다. 호기심 덕분에 세상이 발전해 왔다고 할 수 있지요.

여러분도 하루를 보내며 떠오른 질문을 그냥 지나치지 마세요. '나만 모르는 것은 아닐까?' 혹은 '괜히 물어보는 것은 아닐까?' 하고 주저할 필요 없어요. 질문은 호기심을 푸는 첫걸음이니까요.

이 책이 어린이들의 호기심을 푸는 데 도움이 될 거예요. 아침에 눈을 떠서 밤에 잠이 들기까지 어린이들의 하루를 따라가거든요. 집에서, 교실에서, 운동장에서, 놀이터에서 궁금할 질문을 모으고, 과학 시간에 배우는 개념을 들어 궁금증을 풀 수 있도록 썼습니다.

책을 읽고 나면 매일 아침 학교 가는 길이 더 재미있어질 거예요. 나뭇잎이 가진 비밀도, 그네를 더 잘 타는 비법도 알게 될 테니까요.

매일매일 즐거운 과학이 가득한 하루로 어린이 친구들을 초대합니다!

정윤선

차 례

이 책을 읽는 여러분에게 ·· 4
초등 과학 교과 연계 단원 ··· 11
이 책의 활용법 ··· 15
학부모님께 ··· 16

1장
아침이 밝았어요!
아침에 만나는 재미있는 과학

| 01 | 알람 소리가 울리기 전인데 왜 눈이 떠지는 걸까? ································ 18
| 02 | 해가 서쪽에서 뜨는 나라는 없을까? ··· 20
| 03 | 눈곱은 왜 끼는 걸까? ··· 23
| 04 | 눈썹은 길이가 일정한데 왜 머리카락은 계속 자랄까? ······················· 24
| 05 | 거울은 왜 반대로 보일까? ··· 26
| 06 | 정수기는 어떻게 깨끗한 물을 만들까? ··· 28
| 07 | 충치는 벌레일까? ·· 29
| 08 | 플라스틱 빗으로 머리를 빗으면 왜 머리카락이 달라붙을까? ··········· 31
| 09 | 비가 오는 날 왜 할머니는 무릎이 아플까? ·· 34
| 10 | 맛있는 밥이 어떻게 냄새나는 똥이 될까? ··· 35
| 11 | 왜 아빠와 할아버지만 수염이 날까? ··· 37
| 12 | 왜 저녁보다 아침에 키가 더 클까? ··· 39
| 13 | 스마트폰은 어떻게 충전될까? ··· 41
| 14 | 탈취 스프레이는 어떻게 냄새를 없앨까? ··· 42
| 15 | 아침에 커피를 마시면 왜 잠이 깰까? ··· 44
| 16 | 아침에는 왜 뿌옇게 안개가 끼는 걸까? ··· 45
| 17 | 어떻게 날씨를 미리 알고 일기 예보를 하는 걸까? ···························· 47

18	달팽이는 왜 무거운 집을 지고 다닐까?	49
19	화단의 꽃은 왜 알록달록할까?	51
20	해바라기는 항상 해만 바라볼까?	53
21	나팔꽃은 어떻게 밤에 지고 아침에 다시 피어날까?	54
22	신호등은 왜 빨간색과 초록색일까?	56
23	씨앗은 언제 싹을 틔울까?	57
24	비는 어디서부터 오는 걸까?	60
25	비가 온 뒤에는 왜 흙냄새가 날까?	62
26	무지개는 왜 비가 온 뒤에 생기는 걸까?	63
27	비눗방울은 왜 무지갯빛을 띨까?	64
28	우리나라는 왜 봄, 여름, 가을, 겨울 사계절이 있을까?	65

2장
와글와글 시끌벅적 과학은 어디에나 있어요!

29	물에 젖은 교과서를 어떻게 말리면 좋을까?	68
30	안경을 쓰면 왜 더 잘 보일까?	70
31	스피커는 교장 선생님 목소리를 어떻게 더 커지게 할까?	72
32	컴퓨터는 어떻게 작동하는 걸까?	74
33	인터넷은 어떻게 그 많은 컴퓨터를 다 연결할 수 있을까?	76
34	컴퓨터에게 어떻게 일을 시킬까?	77
35	형광펜으로 그은 밑줄은 왜 어둠 속에서 안 보일까?	79
36	포스트잇은 어떻게 붙였다가 흔적 없이 뗄 수 있을까?	81
37	지우개는 왜 지우개 가루를 남길까?	83
38	HB 연필과 2B 연필은 어떻게 다를까?	84
39	왼손잡이는 왜 왼손 가위가 편할까?	86
40	모네의 그림은 왜 멀리 떨어져서 봐야 할까?	89
41	리코더를 불 때 구멍을 열수록 왜 높은음이 날까?	91

42	면화 속에 숨겨진 비밀을 어떻게 알아낼 수 있을까?	93
43	영어 단어를 잊어버리지 않으려면 어떻게 해야 할까?	95
44	우리가 매일 먹는 쌀은 어디서 왔을까?	97
45	우유를 먹으면 왜 배가 아플까?	99
46	식판은 왜 금방 뜨거워지는 걸까?	100
47	왜 먹기 싫은 브로콜리까지 고루 먹어야 할까?	101
48	새콤한 레몬을 보면 왜 침이 고일까?	102
49	딸꾹질은 왜 하는 걸까?	104
50	물에 사는 조개는 물고기일까?	106
51	바닥에 떨어진 음식을 3초 안에 먹어도 괜찮을까?	109
52	생수병을 얼리면 왜 바닥이 볼록해질까?	110
53	청국장은 왜 쿰쿰한 냄새가 날까?	111

3장
던지고, 뛰고, 놀며 온몸으로 배우는 신기한 과학

54	갑자기 방향을 바꾸는 커브볼을 어떻게 던질까?	114
55	나뭇잎의 가장자리는 왜 톱니 모양일까?	116
56	피구 공은 왜 통통 튈까?	118
57	시소에서 아빠와 수평을 이루려면 어떻게 해야 할까?	119
58	미끄럼틀을 타면 왜 엉덩이가 뜨거워질까?	121
59	그네를 재미있게 타려면 어떻게 해야 할까?	122
60	달려오던 친구는 왜 바로 멈추지 못할까?	125
61	운동장에 오래 있으면 왜 피부가 탈까?	127
62	운동을 하고 난 뒤에 왜 목이 마를까?	129
63	운동장을 뛰고 나면 왜 숨이 찰까?	131
64	그림자는 왜 한낮에 짧아졌다가 저녁에 길어질까?	133
65	여름 방학에 친구와 축구하려면 몇 시에 만나는 것이 좋을까?	135

66	날씨가 왜 점점 이상해지는 걸까?	137
67	태풍은 어디에서 오는 걸까?	139
68	바다에 벼락이 치면 물고기도 감전될까?	141
69	종이비행기를 오래 날리려면 어떻게 접어야 할까?	143
70	코끼리 코를 하고 뱅글뱅글 돌면 왜 어지러울까?	144
71	진공청소기는 어떻게 먼지를 빨아들일까?	146
72	우유 팩은 왜 따로 분리배출해야 할까?	147
73	유리 세정제는 어떻게 유리창을 깨끗하게 닦을까?	149
74	팔뚝의 혈관은 왜 푸르게 보일까?	151

4장
밤하늘에 달이 뜰 때까지 과학으로 가득 찬 하루!

75	분식집 국그릇은 왜 자꾸 혼자 미끄러질까?	154
76	옆집 강아지는 왜 나만 보면 꼬리를 흔들까?	155
77	단풍나무 씨앗에는 왜 날개가 있을까?	156
78	해가 질 때 서쪽 하늘은 왜 붉게 물드는 걸까?	158
79	잎이 다 떨어진 가로수는 겨울을 날 수 있을까?	159
80	지문 인식 잠금장치를 다른 사람이 열 수 있을까?	160
81	식빵을 오래 두면 왜 곰팡이가 생길까?	161
82	오이 피클은 왜 오래 보관해도 상하지 않을까?	164
83	세탁기는 어떻게 빙글빙글 돌아갈까?	166
84	목욕하고 나면 왜 욕실 거울에 김이 서릴까?	167
85	주방 세제는 어떻게 기름기를 말끔히 없애는 걸까?	169
86	냉장고는 어떻게 계속 차가울까?	170
87	무릎 보호대는 정말 무릎을 보호해 줄까?	172
88	뜨거운 수돗물은 왜 뿌옇게 나올까?	174
89	3D 안경을 쓰고 영화를 보면 어떻게 입체로 보이는 걸까?	176

90	로봇 청소기는 어떻게 장애물을 알고 피할까?	178
91	욕실에서 노래하면 왜 더 잘 부르는 것 같을까?	179
92	고양이는 정말 색맹일까?	181
93	손톱은 왜 잘라도 아프지 않을까?	183
94	레고 블록을 밟으면 왜 참을 수 없을 정도로 아플까?	185
95	우리나라 태풍은 왜 시계 반대 방향으로만 돌까?	186
96	달은 왜 매일 모양이 변할까?	189
97	달무리가 지면 다음 날 비가 올까?	190
98	별은 왜 반짝반짝 빛날까?	192
99	별똥별은 어디로 사라질까?	194
100	잠은 왜 자야 하는 걸까?	196

도움받은 자료 ·· 198
핵심 개념 모아 보기 ·· 199

초등 과학 교과 연계 단원

★ 2022 개정 교육과정

교과 단원		번호	질문	쪽수
3학년	1학기 1단원 힘과 우리 생활	12	왜 저녁보다 아침에 키가 더 클까?	39쪽
		39	왼손잡이는 왜 왼손 가위가 편할까?	86쪽
	1학기 2단원 동물의 생활	18	달팽이는 왜 무거운 집을 지고 다닐까?	49쪽
		50	물에 사는 조개는 물고기일까?	106쪽
		76	옆집 강아지는 왜 나만 보면 꼬리를 흔들까?	155쪽
		92	고양이는 정말 색맹일까?	181쪽
	1학기 3단원 식물의 생활 & 6학년 1학기 3단원 식물의 구조와 기능	19	화단의 꽃은 왜 알록달록할까?	51쪽
		20	해바라기는 항상 해만 바라볼까?	53쪽
		21	나팔꽃은 어떻게 밤에 지고 아침에 다시 피어날까?	54쪽
		23	씨앗은 언제 싹을 틔울까?	57쪽
		44	우리가 매일 먹는 쌀은 어디서 왔을까?	97쪽
		55	나뭇잎의 가장자리는 왜 톱니 모양일까?	116쪽
		77	단풍나무 씨앗에는 왜 날개가 있을까?	156쪽
		79	잎이 다 떨어진 가로수는 겨울을 날 수 있을까?	159쪽
	2학기 1단원 물체와 물질	14	탈취 스프레이는 어떻게 냄새를 없앨까?	42쪽
		36	포스트잇은 어떻게 붙였다가 흔적 없이 뗄 수 있을까?	81쪽
		37	지우개는 왜 지우개 가루를 남길까?	83쪽
		38	HB 연필과 2B 연필은 어떻게 다를까?	84쪽
		85	주방 세제는 어떻게 기름기를 말끔히 없애는 걸까?	169쪽
	2학기 3단원 소리의 성질	41	리코더를 불 때 구멍을 열수록 왜 높은음이 날까?	91쪽
		91	욕실에서 노래하면 왜 더 잘 부르는 것 같을까?	179쪽
4학년	1학기 1단원 자석의 이용	8	플라스틱 빗으로 머리를 빗으면 왜 머리카락이 달라붙을까?	31쪽
		31	스피커는 교장 선생님 목소리를 어떻게 더 커지게 할까?	72쪽
		83	세탁기는 어떻게 빙글빙글 돌아갈까?	166쪽
	1학기 2단원 물의 상태 변화	29	물에 젖은 교과서를 어떻게 말리면 좋을까?	68쪽

교과 단원		번호	질문	쪽수
4학년	1학기 2단원 물의 상태 변화	52	생수병을 얼리면 왜 바닥이 볼록해질까?	110쪽
		84	목욕하고 나면 왜 욕실 거울에 김이 서릴까?	167쪽
		86	냉장고는 어떻게 계속 차가울까?	170쪽
	1학기 4단원 다양한 생물과 우리 생활	7	충치는 벌레일까?	29쪽
		25	비가 온 뒤에는 왜 흙냄새가 날까?	62쪽
		51	바닥에 떨어진 음식을 3초 안에 먹어도 괜찮을까?	109쪽
		53	청국장은 왜 쿰쿰한 냄새가 날까?	111쪽
		81	식빵을 오래 두면 왜 곰팡이가 생길까?	161쪽
		82	오이 피클은 왜 오래 보관해도 상하지 않을까?	164쪽
	2학기 1단원 밤하늘 관찰	96	달은 왜 매일 모양이 변할까?	189쪽
		98	별은 왜 반짝반짝 빛날까?	192쪽
		99	별똥별은 어디로 사라질까?	194쪽
	2학기 3단원 여러 가지 기체	75	분식집 국그릇은 왜 자꾸 혼자 미끄러질까?	154쪽
	2학기 4단원 기후변화와 우리 생활	66	날씨가 왜 점점 이상해지는 걸까?	137쪽
5학년	1학기 2단원 빛의 성질	5	거울은 왜 반대로 보일까?	26쪽
		42	명화 속에 숨겨진 비밀을 어떻게 알아낼 수 있을까?	93쪽
		40	모네의 그림은 왜 멀리 떨어져서 봐야 할까?	89쪽
		26	무지개는 왜 비가 온 뒤에 생기는 걸까?	63쪽
		27	비눗방울은 왜 무지갯빛을 띨까?	64쪽
		22	신호등은 왜 빨간색과 초록색일까?	56쪽
		30	안경을 쓰면 왜 더 잘 보일까?	70쪽
		35	형광펜으로 그은 밑줄은 왜 어둠 속에서 안 보일까?	79쪽
		61	운동장에 오래 있으면 왜 피부가 탈까?	127쪽
		78	해가 질 때 서쪽 하늘은 왜 붉게 물드는 걸까?	158쪽
	1학기 3단원 용해와 용액	88	뜨거운 수돗물은 왜 뿌옇게 나올까?	174쪽

교과 단원		번호	질문	쪽수
5학년	1학기 4단원 우리 몸의 구조와 기능	1	알람 소리가 울리기 전인데 왜 눈이 떠지는 걸까?	18쪽
		3	눈곱은 왜 끼는 걸까?	23쪽
		4	눈썹은 길이가 일정한데 왜 머리카락은 계속 자랄까?	24쪽
		10	맛있는 밥이 어떻게 냄새나는 똥이 될까?	35쪽
		11	왜 아빠와 할아버지만 수염이 날까?	37쪽
		15	아침에 커피를 마시면 왜 잠이 깰까?	44쪽
		43	영어 단어를 잊어버리지 않으려면 어떻게 해야 할까?	95쪽
		45	우유를 먹으면 왜 배가 아플까?	99쪽
		47	왜 먹기 싫은 브로콜리까지 고루 먹어야 할까?	101쪽
		48	새콤한 레몬을 보면 왜 침이 고일까?	102쪽
		49	딸꾹질은 왜 하는 걸까?	104쪽
		62	운동을 하고 난 뒤에 왜 목이 마를까?	129쪽
		63	운동장을 뛰고 나면 왜 숨이 찰까?	131쪽
		70	코끼리 코를 하고 뱅글뱅글 돌면 왜 어지러울까?	144쪽
		74	팔뚝의 혈관은 왜 푸르게 보일까?	151쪽
		80	지문 인식 잠금장치를 다른 사람이 열 수 있을까?	160쪽
		89	3D 안경을 쓰고 영화를 보면 어떻게 입체로 보이는 걸까?	176쪽
		93	손톱은 왜 잘라도 아프지 않을까?	183쪽
		94	레고 블록을 밟으면 왜 참을 수 없을 정도로 아플까?	185쪽
		100	잠은 왜 자야 하는 걸까?	196쪽
	2학기 1단원 혼합물의 분리	6	정수기는 어떻게 깨끗한 물을 만들까?	28쪽
	2학기 2단원 날씨와 우리 생활	9	비가 오는 날 왜 할머니는 무릎이 아플까?	34쪽
		16	아침에는 왜 뿌옇게 안개가 끼는 걸까?	45쪽
		17	어떻게 날씨를 미리 알고 일기 예보를 하는 걸까?	47쪽
		24	비는 어디서부터 오는 걸까?	60쪽
		67	태풍은 어디에서 오는 걸까?	139쪽

교과 단원		번호	질문	쪽수
5학년	2학기 2단원 날씨와 우리 생활	68	바다에 벼락이 치면 물고기도 감전될까?	141쪽
		71	진공청소기는 어떻게 먼지를 빨아들일까?	146쪽
		97	달무리가 지면 다음 날 비가 올까?	190쪽
	2학기 3단원 열과 우리 생활	46	식판은 왜 금방 뜨거워지는 걸까?	100쪽
	2학기 4단원 자원과 에너지	72	우유 팩은 왜 따로 분리배출해야 할까?	147쪽
6학년	1학기 1단원 산과 염기	73	유리 세정제는 어떻게 유리창을 깨끗하게 닦을까?	149쪽
	1학기 2단원 물체의 운동	54	갑자기 방향을 바꾸는 커브볼을 어떻게 던질까?	114쪽
		56	피구 공은 왜 통통 튈까?	118쪽
		57	시소에서 아빠와 수평을 이루려면 어떻게 해야 할까?	119쪽
		58	미끄럼틀을 타면 왜 엉덩이가 뜨거워질까?	121쪽
		59	그네를 재미있게 타려면 어떻게 해야 할까?	122쪽
		60	달려오던 친구는 왜 바로 멈추지 못할까?	125쪽
		69	종이비행기를 오래 날리려면 어떻게 접어야 할까?	143쪽
		87	무릎 보호대는 정말 무릎을 보호해 줄까?	172쪽
	1학기 4단원 지구의 운동	2	해가 서쪽에서 뜨는 나라는 없을까?	20쪽
		95	우리나라 태풍은 왜 시계 반대 방향으로만 돌까?	186쪽
	2학기 1단원 계절의 변화	28	우리나라는 왜 봄, 여름, 가을, 겨울 사계절이 있을까?	65쪽
		64	그림자는 왜 한낮에 짧아졌다가 저녁에 길어질까?	133쪽
		65	여름 방학에 친구와 축구하려면 몇 시에 만나는 것이 좋을까?	135쪽
	2학기 3단원 전기의 이용	13	스마트폰은 어떻게 충전될까?	41쪽
		32	컴퓨터는 어떻게 작동하는 걸까?	74쪽
		33	인터넷은 어떻게 그 많은 컴퓨터를 다 연결할 수 있을까?	76쪽
		34	컴퓨터에게 어떻게 일을 시킬까?	77쪽
		90	로봇 청소기는 어떻게 장애물을 알고 피할까?	178쪽

※ 3~4학년은 2025년에 적용된 단원을, 5~6학년은 2026년에 처음 적용되는 단원을 연계했습니다.

이 책의 활용법

과학 질문: 궁금한 호기심을 풀어 주는 과학 질문 100가지를 담았어요. 가장 궁금했던 질문 먼저 읽어도 좋아요!

더 알아보기: 연관된 이야기를 읽으며 과학 개념과 원리를 한 번 더 복습할 수 있어요.

정보실: 4D 영화관, 거울, 야구공 등 생활 속 신기한 과학 이야기들이 가득해요.

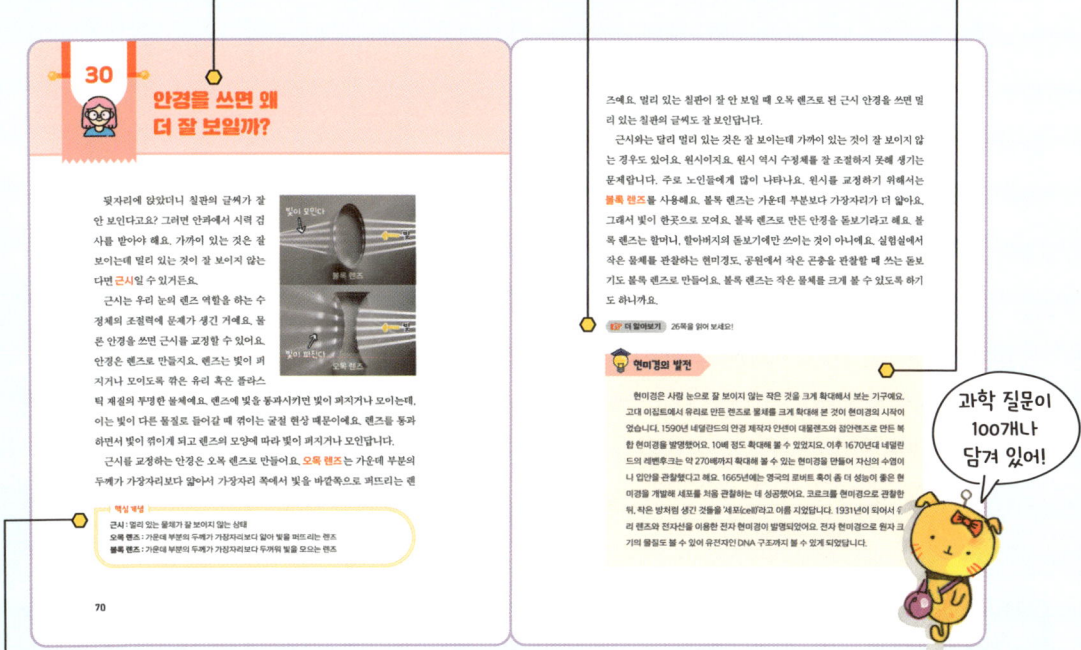

과학 질문이 100개나 담겨 있어!

핵심 개념: 초등학생이 꼭 알아야 할 과학 핵심 개념을 정리했어요! 차근차근 읽으며 익혀 보세요.

재미있는 과학 이야기가 가득!

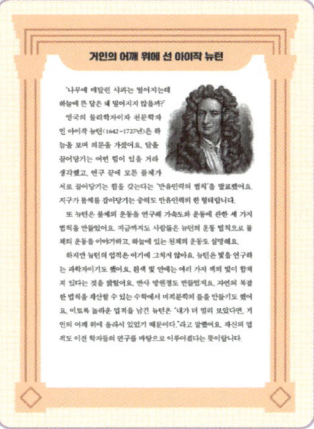

실험은 과학의 핵심이라 할 수 있지.

엉뚱한 상상: 햇빛이 사라진다면? 문어도 꿈을 꿀까? 한 번쯤 상상해 보았던 질문에 대한 답을 들어 보세요!

명예의 전당: 세상을 더 멋지게 만들어 준 위대한 과학자들을 소개합니다. 여러분은 어떤 과학자가 되고 싶은지 생각해 보세요.

과학 실험실: 정전기 실험, 씨앗 발아 실험 등 직접 실험하며 과학 원리를 재미있게 배워요!

학부모님께

어린이의 반짝이는 호기심을 키워 주세요!

과학은 우리 세상을 이해하는 열쇠입니다. "왜?", "어떻게?"라는 질문에서 과학이 시작되지요. 어린이의 소중한 호기심이 위대한 탐구로 이어질 수 있도록 응원해 주세요. 답을 찾아가는 과정에서 생각하는 힘이 쑥쑥 자라날 거예요.

어린이의 엉뚱한 질문에 귀 기울여 주세요

어린이들의 엉뚱하고 기발한 질문을 지나치지 마세요. 왜 그런 생각을 하게 되었는지 물어보고 이야기를 충분히 들어 주는 것이 중요합니다. 어린이의 생각을 경청한 후에 올바른 질문과 답을 함께 찾도록 도와주세요.

어린이의 호기심을 자극해 주세요

어린이의 호기심은 무언가를 탐구하고 싶은 마음으로 이어집니다. 스스로 답을 찾아가는 과정에서 과학에 흥미를 느끼고, 지속적으로 배우려는 태도가 자라납니다.

즐거운 탐구, 이렇게 도와주세요

1. 탐구 주제 찾기
'왜 그럴까?' 하고 어린이가 알고 싶어 하는 궁금함이 멋진 탐구 주제가 될 수 있습니다. 작은 관심사에도 귀 기울여 함께 탐구할 거리를 찾아 주세요.

2. 가설 세우기
질문에 대한 답을 어린이 스스로 예측할 수 있도록 해 주세요. 탐구의 방향을 정하는 중요한 단계로 논리력과 창의력이 자라납니다.

3. 탐구 계획 세우기
호기심을 해결하기 위한 탐구 계획을 함께 세웁니다. 어떤 준비물이 필요한지, 어떻게 관찰하거나 실험할지 어린이와 함께 이야기 나누어 보세요.

4. 탐구하고 결과 나누기
탐구 활동을 한 뒤 결과를 분석해 가설이 맞는지 판단합니다. 알게 된 사실을 글이나 그림으로 남겨요. 결과를 실생활에 응용해 보면 더욱 흥미로울 거예요.

스스로 질문하고 답을 찾으며 생활에 적용하는 과정을 통해 어린이는 단순한 지식을 얻는 것을 넘어, 세상을 더 깊이 이해하는 멋진 사람으로 자랄 거예요.

1장

아침이 밝았어요!
아침에 만나는 재미있는 과학

"일어나! 학교 가야지!" 엄마 목소리에 힘겹게 눈을 떠 보니 벌써 7시예요. 졸린 눈을 비비며 화장실로 가니 아빠가 면도하고 있어요. 매일 수염을 깎아야 하는 아빠도 참 귀찮겠어요. 후다닥 옷을 입고 집을 나서려는데 할머니가 무릎이 아프다며 우산을 챙기래요. 밖을 보니 구름이 잔뜩 끼어 있어요. 할머니는 비가 올지 어떻게 아시는 걸까요? 참 신기해요. 우산도 챙겼으니, 이제 학교로 출발!

01 알람 소리가 울리기 전인데 왜 눈이 떠지는 걸까?

밤이 되면 스르르 눈이 감기고, 아침이 오면 눈이 번쩍 떠져요. 1년 365일 매일같이 우리 몸에서 일어나는 일이에요. 시계를 보지 않아도 우리 몸은 시계처럼 작동하지요. 이처럼 우리 몸에는 일정한 신체 주기를 갖도록 조절하는 **생체 시계**가 있어요.

생체 시계는 일정한 신체 주기를 가지도록 **호르몬**을 분비해요. 호르몬은 우리 몸의 기능을 조절하는 물질이랍니다. 잠이 오게 하는 호르몬은 멜라토닌이고, 잠을 깨우는 호르몬은 코르티솔이에요. 하루를 주기로 분비되지요. 두 호르몬이 분비되는 것은 햇빛과도 관련이 있어요. 그래서 밤에 잘 자려면 낮에 햇빛을 많이 쬐는 것이 도움이 되지요. 하지만 기본적으로 생체 시계는 특정한 유전자가 조절해요. 우리 몸의 특성을 담은 **유전자**는 부모에게 물려받지만, 사람마다 달라요. 그래서 아침에 일찍 일어나 하루를 빨리 시작하는 사람도 있고 늦게 일어나 밤늦게까지 깨어 있는 사람도 있는 거예요.

> **핵심 개념**
> **생체 시계** : 우리 몸의 신체 주기를 조절하는 기능
> **호르몬** : 혈액을 타고 이동하며 특정 기관에 작용해 몸의 기능을 조절하는 화학 물질
> **유전자** : 부모로부터 자식에게 물려주는 특징을 만드는 유전 정보의 기본 단위

그런데 체험학습 가는 날이나 시험 보는 날처럼 특별한 날 눈이 딱 알맞게 떠지는 것은 일찍 일어나겠다는 의지 때문이기도 해요. '내일 아침 일찍 일어나야 해.'라고 생각한 것만으로도 몸을 깨우는 호르몬이 일찍 분비돼요. 알람 소리가 울리기 전인데도 눈이 떠지지요. 물론 평소라면 알람 소리가 울리기 10분 전에 깨어나면 억울하겠지요. 아침에 10분은 꿀잠을 잘 수 있는 소중한 시간이니까요.

 생체 시계를 찾아라!

아침에 눈을 뜨게 하는 생체 시계가 하루를 주기로 작동하듯 한 달이나 일 년을 주기로 작동하는 생체 시계도 있어요.

사춘기가 지난 여성이 하는 생리는 한 달 주기로 움직이는 생체 시계예요. 약 28일마다 호르몬이 분비되어 생리를 시작하거든요. 겨울잠을 자는 곰이나 개구리는 일년을 주기로 작동하는 생체 시계를 갖고 있어요. 계절의 변화에 따라 이동하는 철새도 일 년을 주기로 작동하는 생체 시계에 따라 움직인답니다.

동물뿐 아니라 식물도 생체 시계를 갖고 있어요. 싹을 틔우고, 꽃을 피우는 것도 모두 생체 시계에 따라 이루어져요.

이처럼 생명이 생체 시계를 갖고 있다는 것은 사람을 포함한 생명체가 정교하게 설계된 존재라는 뜻이기도 해요.

해바라기의 일생

02 해가 서쪽에서 뜨는 나라는 없을까?

얼굴을 비추는 환한 햇살 때문에 이른 아침부터 눈이 떠진 적 있나요?

해는 지구 어느 곳에서든 매일 동쪽에서 떠올라 서쪽으로 진답니다. 해가 움직이는 것은 **지구의 자전** 때문이에요. 지구는 **자전축**이 23.5° 기울어져 있는데 기울어진 채로 스스로 매일 한 바퀴씩 빙그르르 돌아요. 서쪽에서 동쪽으로요. 그래서 지구에 있는 우리가 태양을 보면 아침에 동쪽에서 떠올라서 머리 위를 지나 저녁이 되어 서쪽으로 지는 것으로 보여요. 이렇게 지구가 한 바퀴 도는 데 걸리는 시간이 24시간, 바로 하루랍니다.

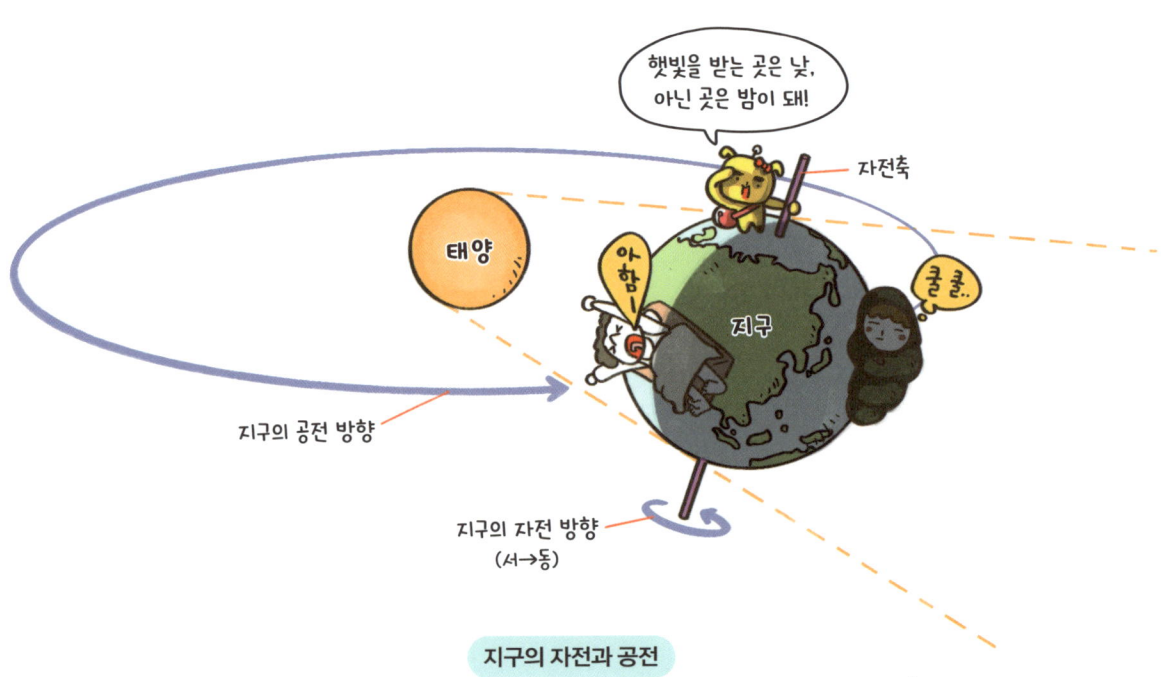

지구의 자전과 공전

해가 뜨고 지는 것만으로는 지구의 자전을 이해하기 어렵다면 또 다른 증거를 찾아볼까요? 밤하늘을 오래 관측하는 거예요. 밤에 별을 관찰하기 좋은 곳에서 카메라로 북극성이 있는 북쪽 하늘의 사진을 찍는 거지요. 이때 '찰칵' 하고 찍으면 안 돼요. 먼저 카메라를 하늘을 향해 고정해요. 그리고 빛을 받아들이는 조리개를 오래 열어 놓아야 해요. '차~~~~~~~알칵'이 몇 시간

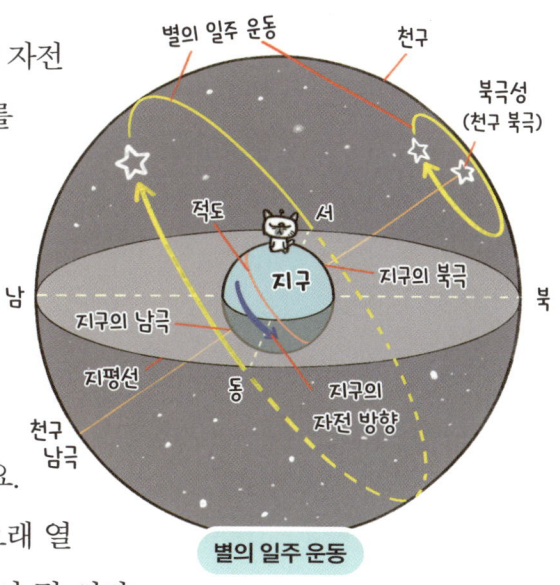

별의 일주 운동

동안 이루어지도록 말이지요. 카메라에 찍힌 사진에는 둥근 원을 그린 선들이 여러 개 보일 거예요. 둥근 선들은 별들이 움직인 궤적이에요.

별들이 움직인 궤적이 둥근 선으로 보이는 이유는 지구가 자전축을 중심으로 자전하기 때문이에요. 지구의 자전축 위에는 북극성이 있어요. 그래서 지구가 움직이지만, 지구에서 하늘을 보면 북극성 주변으로 별들이 원을 그리며 움직이는 것으로 보여요. 마치 달리는 버스 안에서 창문 밖을 볼 때, 밖에 있는 가로수가 뒤로 움직이는 것처럼 보이는 것과 같은 원리이지요. 이렇게 지구 자전 때문에 보이는 별들의 움직임을 **별의 일주 운동**이라고 합니다.

🔖 **더 알아보기** 65쪽을 읽어 보세요!

핵심 개념

지구의 자전 : 지구가 자전축을 중심으로 하루에 한 바퀴 도는 현상
자전축 : 지구 자전의 중심이 되는 축
별의 일주 운동 : 지구 자전의 영향으로 별이 하루에 한 바퀴씩 도는 것처럼 보이는 현상

지동설을 증명한 갈릴레오 갈릴레이

 오래전부터 사람들은 밤하늘을 관측해서 천체가 어떻게 운동하는지 알아내려고 했어요. 하지만 대부분 지구는 움직이지 않는다고 생각했어요. 천문학자 갈릴레오 갈릴레이(1564~1642년)는 직접 만든 망원경으로 밤하늘을 관측하다가 목성의 위성 네 개를 발견했어요. 목성의 위성이 목성을 중심으로 움직인다는 것도 알아냈어요. 또 금성을 관측해 지구가 태양을 중심으로 움직인다는 것을 알았어요. 16세기에 "지구가 태양 주변을 도는 것이다."라고 주장했던 천문학자 코페르니쿠스의 지동설이 맞았던 거예요.
 당시 권력의 중심이었던 교회에서는 "우주의 중심은 지구다."라는 천동설을 강력하게 믿고 있었어요. 따라서 교회는 갈릴레이를 법정에 세워 지구는 움직이지 않는다는 답을 강요했어요. 갈릴레이는 재판에서 교회의 의견을 따른다고 했지만 지구가 움직인다는 사실을 부정하지는 않았어요.

〈종교 재판을 받는 갈릴레이〉(크리스티아노 반티, 1857년)

03 눈곱은 왜 끼는 걸까?

아침에 일어나서 거울을 볼 때 제일 먼저 하는 일은? 아마 눈곱을 떼는 일일 거예요. 자고 일어났을 뿐인데 지저분하게 눈곱은 왜 매일 끼는 걸까요?

눈곱이 끼는 이유는 우리 **눈**의 제일 겉 부분에 기름 막이 있기 때문이에요. 기름 막은 기름 성분으로 이루어진 막을 말해요. 공기 중에 있는 먼지나 세균이 눈에 닿았을 때 기름 성분과 뭉쳐져 만들어진 것이 눈곱이에요. 먼지나 세균이 눈에 들어오는 것을 막아 우리 몸을 보호해 주지요.

눈에 있는 기름 막처럼 우리 몸을 보호하는 부분이 또 있어요. 눈썹과 속눈썹, 머리카락, 손톱과 발톱도 우리 몸을 보호해 주는 곳이에요. 눈썹과 속눈썹은 땀이 눈으로 흘러 들어오는 것을 막아 주지요. 머리카락은 두피를 보호해 뜨거운 햇빛이 두피에 직접 닿는 것을 막아 주어요. 단단한 손톱과 발톱은 손가락과 발가락의 끝을 보호합니다. 손톱 덕분에 물건도 쉽게 잡을 수 있지요.

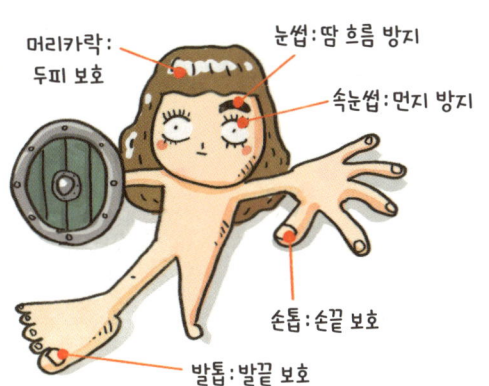

우리 몸의 방어구
머리카락: 두피 보호
눈썹: 땀 흐름 방지
속눈썹: 먼지 방지
손톱: 손끝 보호
발톱: 발끝 보호

핵심 개념

눈곱: 눈에서 나오는 진득진득한 액 또는 그것이 말라붙은 것
눈: 빛을 받아 물체를 볼 수 있는 감각 기관

04 눈썹은 길이가 일정한데 왜 머리카락은 계속 자랄까?

우리 몸 곳곳에는 털이 많아요. 털은 계속 나고 자라며 빠지지요. 그런데 이상한 일이 있어요. 눈썹은 항상 일정한 길이이지만, 머리카락은 계속 자란다는 사실이에요. 할머니, 할아버지가 되어서도 말이지요! 둘 다 우리 몸에 난 털인데 왜 머리카락은 계속 자라고 눈썹은 일정한 길이가 되면 더 이상 자라지 않을까요?

먼저 머리카락 털을 살펴보아요. 털도 눈이나 혀처럼 우리 몸을 이루고 있는 **세포**로 되어 있어요. 머리카락을 잘라도 아프지 않은 이유는 세포인데 죽은 세포로 되어 있기 때문이에요. 피부 속에는 털이 나는 주머니인 모낭이 있어요. 모낭에 있는 세포는 분열하면서 피부 표면으로 이동해요. 그러다 세포는 죽고 **단백질**의 한 종류인 케라틴이 만들어져요. 케라틴을 가진 죽은 세포가 머리카락이 된답니다. 모낭에서 생긴 새로운 세포가 죽은 세포를 위로 계속 밀어 올리기 때문에 머리카락이 자라는 거예요.

그런데 머리카락을 뽑으면 다시 날까

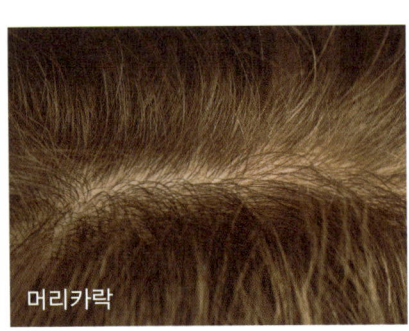

머리카락

핵심 개념

세포 : 생물의 몸을 이루고 있는 기본 단위
단백질 : 근육, 내장, 뼈, 피부 등 우리 몸을 이루고 있는 물질. 지방, 탄수화물과 함께 3대 영양소 중 하나

요? 모근까지 뽑히더라도 머리카락은 다시 자라요. 새로 자라니까 걱정하지 않아도 돼요. 하지만 모근까지 여러 번 뽑히면 머리카락이 자라지 않을 수도 있어요.

다른 털도 머리카락과 마찬가지로 뽑혀도 다시 자랍니다. 털마다 자라는 속도가

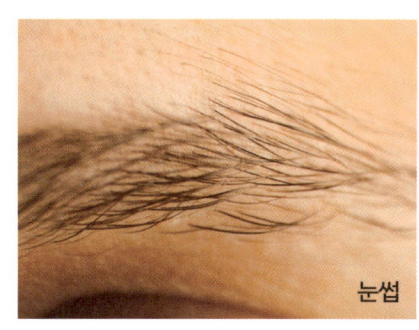
눈썹

다르지만요. 머리카락은 보통 한 달에 1cm씩 자라요. 2~8년 정도 자라다가 빠지지요. 하지만 눈썹은 자라는 속도가 머리카락이 자라는 속도의 절반 정도밖에 되지 않는 데다가 한 달 동안만 자라요. 그래서 눈썹은 항상 일정한 길이인 거예요. 더 이상 자라지 않는 것처럼 보이지요. 다리털은 약 5개월, 팔 털은 약 3개월 정도 자란다고 합니다.

각 털은 성장 주기가 끝나면 빠지고 새로운 털이 만들어져 자라요. 그래서 침대 머리맡이나 욕실 하수구에는 머리카락이 항상 쌓여 있지요. 물론 다른 털들도 함께요.

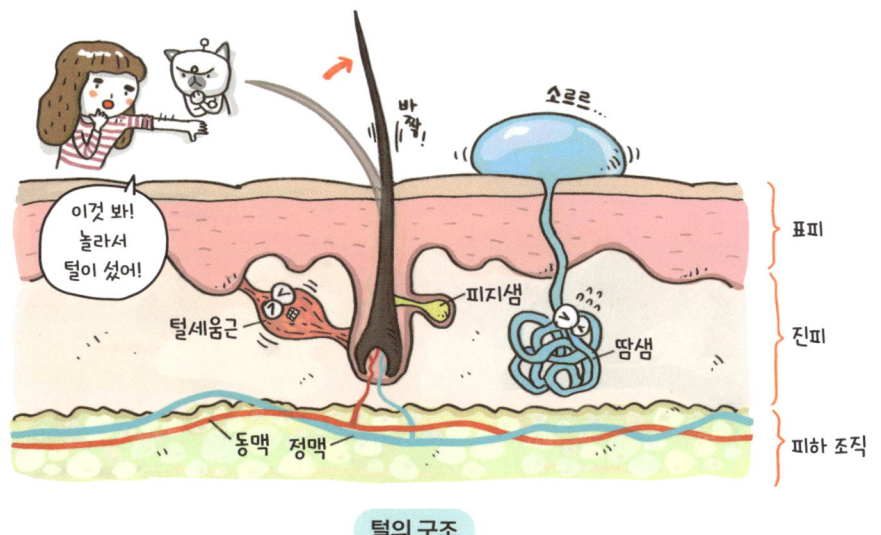
털의 구조

05 거울은 왜 반대로 보일까?

아침에 욕실에 들어가면 거울에는 부스스한 내 모습이 비쳐요. 하지만 좌우가 반대로 보여요. 내가 오른손을 들면 거울 속 나는 반대로 왼손을 들고, 내가 왼손을 들면 거울 속 나는 오른손을 들어요. 거울 속 나의 오른쪽 뺨에 거품이 묻어 있다면 왼쪽 뺨을 닦아야 하지요. 거울과 똑같이 오른쪽 뺨을 닦아 봤자 거품은 그대로 있을 거예요.

이처럼 거울이 나의 모습을 반대로 보여 주는 것은 빛이 반사하기 때문이에요. 빛은 곧게 나아가는 **직진**의 성질이 있어요. 그리고 물체에 부딪칠 때 방향을 바꾸어 돌아 나가는 성질도 있지요. 빛이 곧게 나아가다 거울 면에 부딪치면 들어온 각도와 똑같은 각도로 **반사**해 나간답니다.

이때 거울에 비친 모습은 거울 면으로부터 내가 있는 곳과 같은 거리에 나타나요. 빛이 들어온 방향으로요. 그렇기 때문에 거울은 항상 좌우가 바뀐 모습을 보여 줍니다. 거울 속에서 나의 왼손이 오른쪽

핵심 개념

빛의 직진 : 빛이 곧게 나아가는 성질
빛의 반사 : 빛이 물체에 부딪칠 때 방향을 바꾸어 되돌아 나가는 현상

에 있고, 나의 오른손이 왼쪽에 비치는 거예요. 거울 속에 보이는 글자가 좌우로 바뀌어 보이는 것도 이런 이유 때문이에요.

 더 알아보기 63쪽을 읽어 보세요!

쇼핑몰 거울의 비밀

쇼핑몰에 가서 옷을 살 때 옷이 잘 어울리는지, 잘 맞는지 알아보기 위해서 입어 보지요. 이때 재미있는 점은 쇼핑몰에서 입어 봤을 때는 더 예쁘고, 더 날씬해 보인다는 사실이에요. 바로 거울 때문이랍니다.

거울은 우리 모습을 비추어 주지만, 항상 있는 그대로 비추어 주는 것은 아니에요. 거울을 만드는 재질, 거울을 세워 둔 각도, 그리고 거울의 모양에 따라 모습이 달라 보여요.

오목 거울은 빛을 모아 주는 거울이에요. 그래서 오목 거울로 사람을 보면 더 커 보여요. 반면에 볼록 거울은 빛을 퍼지게 하는 거울이에요. 볼록 거울로 사람을 보면 사람이 더 작아 보이지요.

평평한 평면거울이라도 놓는 각도에 따라 모습이 달라 보여요. 똑바로 세워 놓으면 원래 모습과 비슷해 보이지만, 거울이 위쪽으로 비스듬히 기울어져 있다면 원래 모습보다 날씬하고 더 길어 보여요. 반면에 거울이 아래쪽으로 비스듬히 기울어져 있다면 원래 모습보다 더 크고 짧아 보여요. 그래서 쇼핑몰에서는 평면거울을 위쪽으로 비스듬히 기울여 두지요. 거울이 아니라 옷 때문에 자신의 다리가 더 길어 보이고, 날씬해 보인다고 생각해서 옷을 사고 싶게 만드는 거예요.

06 정수기는 어떻게 깨끗한 물을 만들까?

매일 아침에 마시는 물 한 잔은 몸에 좋아요. 정수기에서 물을 따라 마시는 집도 많아요. 정수기는 어떻게 깨끗한 물을 만드는지 원리를 살펴볼까요? 수돗물은 물 외에 다른 물질이 섞여 있는 **혼합물**이에요. 혼합물에서 한 종류의 물질로 이루어져 고유한 성질을 지니는 **순물질**만 분리하는 과정을 혼합물의 분리라고 해요. 혼합물의 분리 덕분에 깨끗한 물을 마실 수 있지요.

정수기는 물질의 특성을 이용한 여러 가지 방법으로 혼합물을 분리해요. 그중에서 가장 많이 쓰이는 원리는 침전, 흡착, 여과예요. 침전은 혼합물의 밀도 차이를 이용한 분리 방법이에요. 물을 가만히 두면 무거운 이물질은 가라앉아요. 윗물만 뜨면 되지요. 흡착은 활성탄과 같이 구멍이 많이 나 있는 물질을 이용해요. 구멍에 이물질이 달라붙어서 분리가 되지요. 여과는 구멍이 작은 필터를 이용해 이물질을 거르는 방법이에요. 입자가 작은 물이 필터의 구멍을 통과하면서 입자가 큰 이물질만 필터에 남아 깨끗한 물을 얻을 수 있어요.

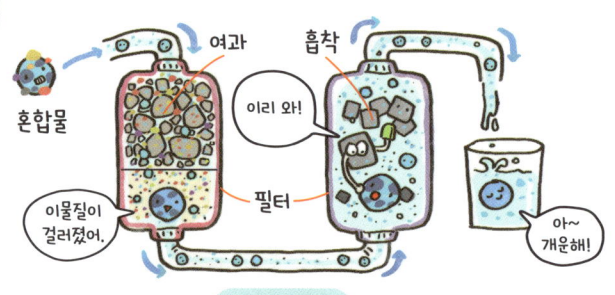

정수의 원리

핵심 개념

혼합물: 둘 이상의 순수한 물질이 섞여 있는 물질
순물질: 한 종류의 물질로 이루어져 고유한 성질을 지니는 물질

07 충치는 벌레일까?

충치를 예방하는 가장 좋은 방법은 아침, 점심, 저녁 하루 세 번 이를 닦는 거예요. 그런데 충치라고 하니 치아에 사는 벌레 같지요? 다행히 벌레는 아니랍니다. 충치가 벌레 먹은 듯 보여서 생겨난 이름이지요. 의학적으로는 치아우식증이라고 합니다.

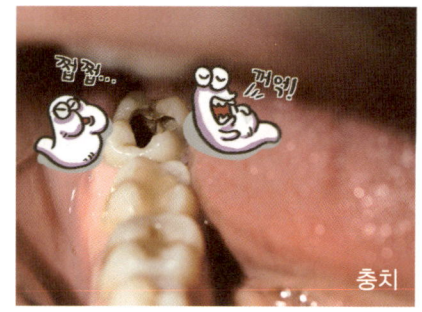
충치

치아우식증, 즉 충치는 **세균**에 의해 생겨요. 세균은 하나의 세포로 이루어진 작은 생물이에요. 크기가 매우 작아서 맨눈으로 볼 수 없는 **미생물** 중 하나이지요. 미생물에는 곰팡이, 바이러스, 세균 등이 있고, 세균에는 대장균, 결핵균 등이 있어요.

충치를 유발하는 대표적인 세균은 뮤탄스균이에요. 뮤탄스균은 우리 입 안에 남은 당을 분해해 산을 분비합니다. 이때 산이 우리 치아의 겉 부분인 법랑질(30쪽 그림 참고)을 상하게 하지요. 법랑질이 상해 치아 깊숙이 뮤탄스균이 침입하면, 치아가 약해지고 심한 통증을 느끼게 돼요. 그래서 설탕이 많은 음

> **핵심 개념**
> **세균** : 하나의 세포로 이루어진 크기가 가장 작은 미생물 또는 아주 작은 균
> **미생물** : 맨눈으로 관찰하기 어려운 아주 작은 생물

식을 먹지 않는 것이 좋아요. 음식을 먹고 난 다음에는 양치질을 꼭 해야 하지요. 양치질을 할 때는 치아에 음식 찌꺼기가 남아 있지 않도록 칫솔로 치아의 모든 면을 꼼꼼히 닦습니다. 또 치간 칫솔이나 치실을 이용하면 치아 틈새에 남은 음식 찌꺼기까지 깨끗이 제거할 수 있어요.

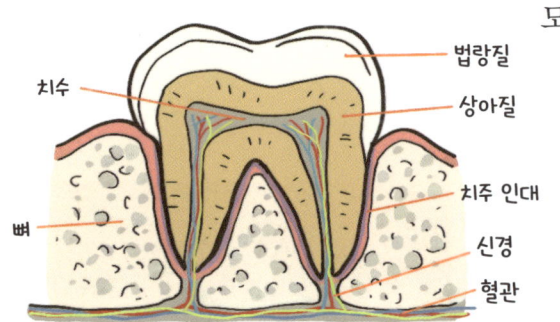

치아의 구조

충치를 다 없애는 약이 있을까?

치과를 무서워하는 친구들이 있어요. 이를 치료할 때 썩은 부분을 갈아 내는 드릴의 '위잉' 하는 소리 때문일까요? 치과에 가기 전 꾀병을 부리는 친구들도 있을 정도지요. 안타깝게도 충치는 한 번 치료한다고 해서 다시 생기지 않는 것이 아니에요. 단 음식을 많이 먹고, 양치질을 제대로 하지 않으면 충치는 언제든 또 생길 수 있어요. 그래서 불소를 치아에 도포해 충치균이 생기지 않도록 하거나 식사 후 자일리톨을 씹어 충치를 줄일 수 있도록 하지요.

만약 충치를 한 번에 없앨 수 있다면 얼마나 좋을까요? 실제로 충치를 예방할 수 있는 백신이나 매우 작은 나노 물질로 충치를 한 번에 치료하는 연구도 진행 중이에요. 언젠가는 백신으로 충치를 예방해 치과에 갈 필요가 없는 날이 올지도 모르지요.

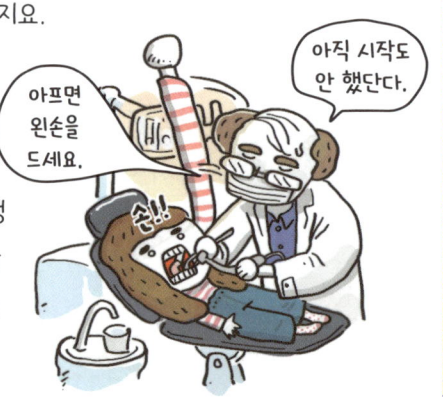

08 플라스틱 빗으로 머리를 빗으면 왜 머리카락이 달라붙을까?

머리를 빗다 보면 머리카락이 마치 수사자의 갈기처럼 사방으로 곤두설 때가 있어요. 건조한 날 플라스틱 빗으로 머리를 빗었을 때 일어나지요. 이러한 현상은, **마찰 전기** 때문이랍니다. 물체는 양전하(+)를 띤 입자(양성자)와 음전하(-)를 띤 입자인 **전자**가 균형을 이루고 있어요. 성질이 다른 두 물체를 마찰시키면 두 물체 사이를 전자가 이동해 전기 현상이 일어나요. 바로 마찰 전기랍니다. 흐르지 않는 전기라서 정전기라고도 해요.

플라스틱 빗으로 머리카락을 빗으면, 머리카락에서 플라스틱 빗으로 전자가 이동해요. 그러면 머리카락은 양(+)의 전기를 띠고, 전자가 옮겨 온 플라스틱 빗은 음(-)의 전기를 띠어요. 이때 서로 다른 전기를 띤 물체는 서로 잡아당겨요. 그래서 플라스틱 빗과 머리카락이 서로 잡아당기게 되지요. 건조한 겨울날 털 스웨터를 벗을 때 머리카락이 쭈뼛 서는 것도, 겨울날 자동차 손잡이를 잡을 때 찌릿하고 전기가 오르는 것도 마찰 전기 때문이랍니다.

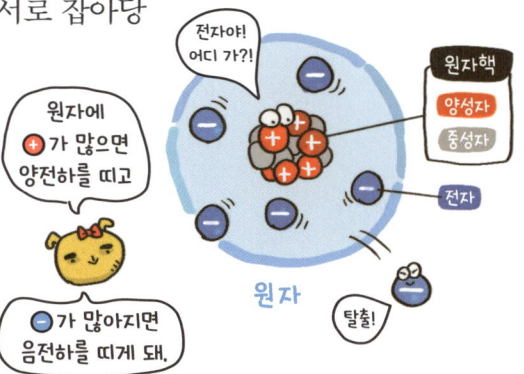

> **핵심 개념**
> **마찰 전기** : 두 물체를 마찰하면 표면에서 전자가 이동해 전기를 띠는 현상
> **전자** : 원자에서 음전하를 띠고 있는 작은 입자

 과학 실험실

정전기는 살아 있다!

정전기 확인하기

준비물: 잘게 자른 색종이, 풍선, 털옷

실험 방법

① 잘게 자른 색종이를 바닥에 펼쳐 놓는다.
② 털옷으로 풍선을 문지른다.
③ 털옷으로 문지른 풍선을 색종이에 가까이 가져간다.
④ 색종이가 어떻게 되는지 관찰한다.

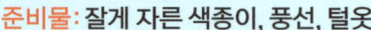 실험 결과

털옷과 풍선을 맞대고 비비면 털옷에 있던 전자가 풍선으로 이동해 풍선은 음(-)의 전기를 띠게 된다. 이때 풍선을 색종이에 가져다 대면 색종이 속 전자들이 풍선에서 멀어진다. 그러면 풍선에 가까운 쪽이 양전하(+)가 모이고, 양전하(+)와 음전하(-)는 서로 잡아당기기 때문에 색종이가 풍선에 달라붙는다.

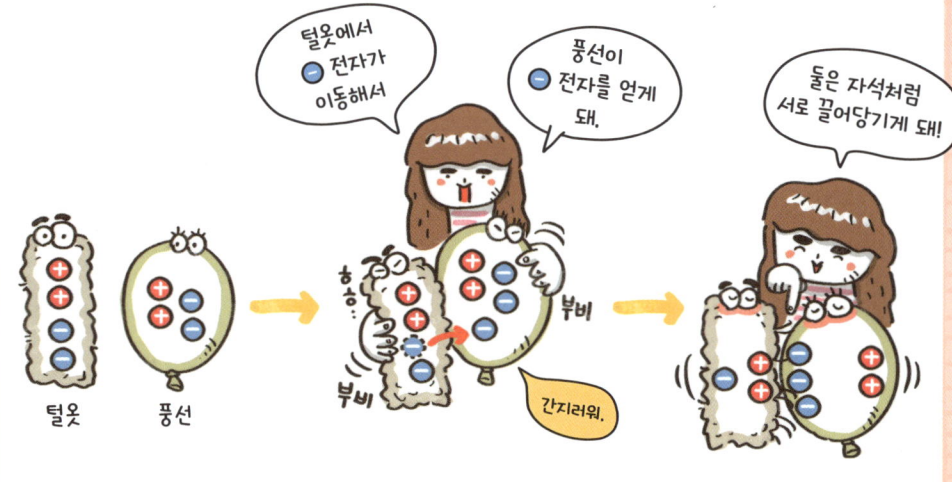

정전기 게임

준비물: 털옷 2개, 풍선 2개, 빈 알루미늄 캔 2개

실험 방법

① 풍선 두 개를 불어 둥그렇게 만든다.
② 각각 털옷으로 풍선을 문지른다.
③ 풍선을 하나씩 들고 알루미늄 캔에 가까이 가져간다.
④ 알루미늄 캔을 더 가깝게 당겨 온 사람이 이긴다.

실험 결과

털옷으로 풍선을 문지르면, 털옷에 있던 전자가 풍선으로 이동해 풍선은 음(−)의 전기를 띤다. 이때 풍선을 캔에 가져다 대면, 캔에 있는 전자가 풍선에서 먼 쪽으로 이동해 풍선에 가까운 쪽에 양전하(+)가 모인다. 양전하(+)와 음전하(−)는 서로 잡아당기기 때문에 캔이 풍선 쪽으로 끌려오는 것이다.

09 비가 오는 날 왜 할머니는 무릎이 아플까?

할머니는 날씨를 일기 예보보다 더 정확히 맞히시곤 해요. "아이고, 무릎이야." 하고 무릎이 쑤신다고 하시는 날이면 비가 와요. 신기하지요?

비가 오는 궂은 날은 저기압 상태랍니다. **기압**은 대기의 압력을 말하는데, **저기압**은 기압이 낮은 곳을 말해요. 공기는 고기압에서 저기압으로 흐르는 성질이 있어요. 따라서 저기압인 곳으로 공기가 모여들고 공기가 상승하면서 비구름이 만들어지고, 비가 온답니다.

의학적으로 비가 오는 날씨와 할머니의 무릎 통증이 어떤 관계인지 명확히 밝혀지지는 않았어요. 하지만 할머니, 할아버지 중에 무릎 연골이 좋지 않아 관절염을 앓고 계시는 분이 많답니다. 저기압이 되면 무릎 관절 안쪽의 압력이 높아져요. 그러면 관절 조직이 팽창해서 신경을 자극해 통증이 심해질 수 있지요. 그러니까 할머니, 할아버지가 무릎이 아프다고 하시면 비가 올 수도 있어요. 미리 우산을 준비하는 게 좋겠지요?

 **더 알아보기** 139쪽을 읽어 보세요!

핵심 개념
기압 : 대기의 압력
저기압 : 주변보다 기압이 낮은 곳

10 맛있는 밥이 어떻게 냄새나는 똥이 될까?

우리는 매일 아침, 점심, 저녁, 세끼의 밥을 먹어요. 맛있게 먹은 밥은 시간이 지나면 냄새나는 똥이 되지요. 우리가 먹은 밥이 모두 똥으로만 변하는 것은 아니에요. 밥을 먹는 이유는 우리 몸에 필요한 영양소를 흡수해서 몸을 구성하고, 활동할 **에너지**를 내기 위해서예요. 똥이 되기 전에 필요한 영양 성분을 모두 우리 몸으로 흡수하지요. 소화 과정을 통해서요. **소화**는 음식물을 소화 기관에서 영양소로 잘게 분해해 흡수하는 과정을 말해요. 입, 식도, 위, 소장, 대장 등 소화가 일어나는 기관을 소화 기관이라고 해요.

가장 먼저 음식을 소화하는 기관은 입이에요. 이로 음식을 씹어 잘게 부수고, 침이 나와서 음식을 작은 영양소로 분해해요.

분해된 음식물은 식도를 타고 위로 내려가요. 위에서 살균 작용을 거쳐 세균을 죽인 다음 분비된 위액이 음식물을 더 작은 영양소로 분해해요. 그리고 소장으로 내려가요.

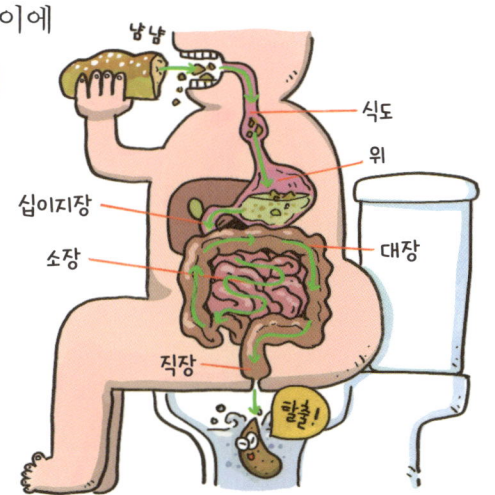

핵심 개념

에너지 : 일을 할 수 있는 능력
소화 : 음식물의 영양소를 잘 흡수하기 위해서 음식물을 잘게 분해하는 과정

소장에서는 다양한 소화액이 나와 음식물을 아주 작은 영양소로 분해해요. 우리 몸이 흡수할 수 있을 만큼 작게 말이에요. 그리고 소장 안쪽에 나 있는 융털에서 작게 분해된 영양소를 흡수한답니다. 흡수한 영양소는 필요한 곳으로 이동되어 우리 몸을 구성하거나 에너지를 내는 데 쓰여요.

나머지 음식물은 대장으로 내려가요. 대장에 머물며 수분이 몸으로 흡수되어 단단해진답니다. 단단해진 음식물이 항문을 거쳐 밖으로 나오면 끝이에요! 바로 똥으로 말이지요.

 똥으로 버스가 움직인다고?

음식물이 소화를 거쳐 똥이 되면 끝일까요? 놀랍게도 똥은 배설물이지만 에너지로 바꿀 수 있어요. 똥은 물과 여러 물질로 이루어져 있어요. 그래서 똥을 모아 특별한 미생물을 넣어 두면, 미생물이 똥을 분해하면서 메탄가스가 나와요. 이 메탄가스는 전기로 만들어 쓸 수 있고, 자동차를 움직이게도 할 수 있어요. 영국에서는 똥을 에너지로 사용하는 '바이오 버스'가 운행되고 있어요. 에너지가 부족한 요즘, 더 이상 환경 오염을 일으키지 않고 버려진 똥으로 에너지를 만드는 것은 지구를 위한 노력이지요. 혹시 버스를 탈 때 냄새가 나지 않을까 걱정이 된다고요? 걱정하지 않아도 돼요. 냄새도 없고 성능은 보통 버스와 같으니까요.

똥이 에너지가 되는 과정

11 왜 아빠와 할아버지만 수염이 날까?

아침에 아빠 얼굴을 보세요! 입 주변이 거뭇거뭇할 거예요. 수염이 자랐기 때문이에요. 아빠가 얼굴을 내 볼에 비비기라도 하면 따가워서 바로 아빠한테서 떨어지고 말 거예요. 중학생이 된 형이나 오빠도 까끌까끌한 수염이 나기 시작하고 면도를 하지요. 하지만 어린이들은 수염이 나지 않고, 엄마와 할머니도 어른이지만 수염이 나지 않아요.

일반적으로 남자가 12세 전후로 **사춘기**가 되면 수염이 나기 시작해요. 사춘기는 몸이 어른으로 성장하는 시기를 말해요. 몸도 성인 남자와 성인 여자의 특징을 갖추게 된답니다. 남자는 수염이 나고 키가 훌쩍 크며, 여자는 가슴이 발달하고 생리를 시작해요. 이처럼 남자와 여자가 사춘기를 거치면서 다른 변화를 보이는 것은 성호르몬 때문이에요.

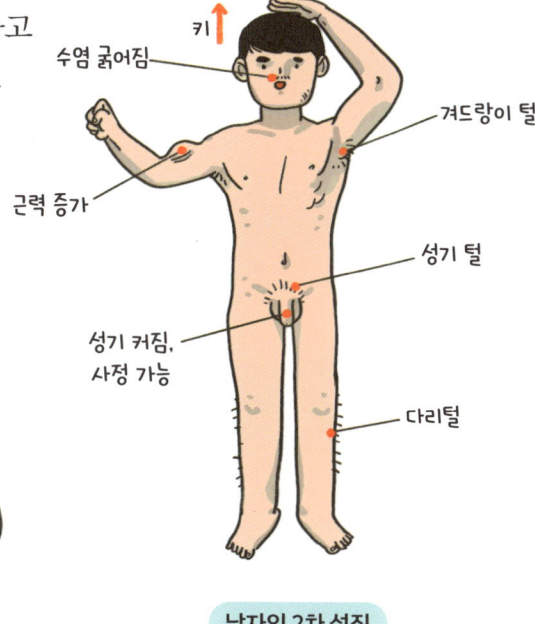

남자의 2차 성징

호르몬은 우리 몸에서 분비되어 아주 적은 양으로 우리 몸의 생리 기능을 조절하는 물질이에요. 그리고 **성호르몬**은 남자와 여자의 특징을 만드는 호르몬이에요. 남자 몸에서는 테스토스테론과 같은 남성 호르몬이 나와서 수염이 나고 목소리가 굵어져요. 근육이 발달하고 정자를 만들어 낼 수 있게 돼요. 여자 몸에서는 에스트로겐 같은 여성 호르몬이 나와서 가슴과 엉덩이가 커지고 생리를 시작해요.

사춘기에는 이런 신체 변화를 겪으며 어른이 되는 준비를 합니다. 이때는 몸의 변화만큼이나 마음의 변화도 두드러져 혼란을 겪어요. 그래서 어른들은 이 시기를 질풍노도의 시기라고 부른답니다. 혼란스러운 시기이지만, 이 시기를 지나야 어른이 되지요.

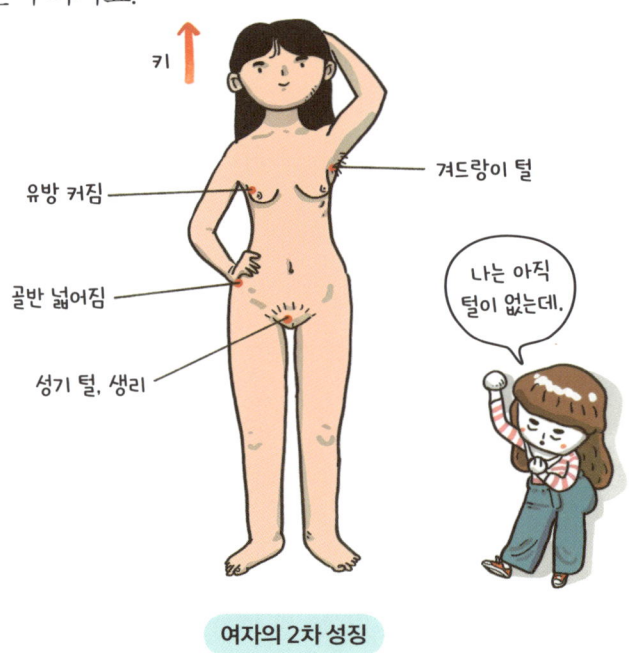

여자의 2차 성징

> **핵심 개념**
> **사춘기** : 몸이 남자 혹은 여자의 특징을 갖추게 되며 어른으로 성장하는 시기
> **성호르몬** : 남성과 여성의 특징을 만드는 호르몬

12 왜 저녁보다 아침에 키가 더 클까?

키를 아침에 한 번, 저녁에 한 번 재 보세요! 신기하게도 아침에 잰 키가 저녁에 재는 키보다 크답니다. 아침에 잰 키가 더 큰 이유는 몸의 무게 때문이에요. **무게**는 지구가 물체를 끌어당기는 힘인 중력의 크기를 말해요. 모든 물체는 서로 잡아당기는데, 지구는 질량이 어마어마하게 커서 우리 몸은 지구의 중심인 땅속을 향해 끌어당겨져요.

우리 몸은 단단한 뼈와 근육으로 이루어져 있어요. 뼈와 척추뼈는 여러 조각으로 서로 떨어져 있어요. 단단한 뼈와 뼈가 연결된 부분이 **관절**이에요. 관절은 우리 몸을 유연하게 움직일 수 있도록 도와줘요. 손목, 발목, 손가락, 발가락, 무릎, 골반에도 관절이 있지요.

우리가 앉아 있거나 서 있을 때는 아래로 잡아당기는 중력을 받아 뼈와 뼈 사이가 좁아져요. 반면 잠을 잘 때는 누운 채로 중력을 받아 뼈와 뼈 사이가 넓어져요. 그래서 밤새 누워 있다가 아침에 일어나면 키가 크고, 저녁이 되면 낮 동안 서 있거나 앉아 있어서 키가 줄어든답니다.

> **핵심 개념**
> **무게**: 지구가 물체를 끌어당기는 힘의 크기 또는 중력의 정도
> **관절**: 뼈와 뼈를 연결하는 부분

거인의 어깨 위에 선 아이작 뉴턴

'나무에 매달린 사과는 떨어지는데 하늘에 뜬 달은 왜 떨어지지 않을까?'

영국의 물리학자이자 천문학자인 아이작 뉴턴(1642~1727년)은 하늘을 보며 의문을 가졌어요. 달을 끌어당기는 어떤 힘이 있을 거라 생각했고, 연구 끝에 모든 물체가 서로 끌어당기는 힘을 갖는다는 '만유인력의 법칙'을 발표했어요. 지구가 물체를 잡아당기는 중력도 만유인력의 한 형태랍니다.

또 뉴턴은 물체의 운동을 연구해 가속도와 운동에 관한 세 가지 법칙을 만들었어요. 지금까지도 사람들은 뉴턴의 운동 법칙으로 물체의 운동을 이야기하고, 하늘에 있는 천체의 운동도 설명해요.

하지만 뉴턴의 업적은 여기에 그치지 않아요. 뉴턴은 빛을 연구하는 과학자이기도 했어요. 흰색 빛 안에는 여러 가지 색의 빛이 합쳐져 있다는 것을 밝혔어요. 반사 망원경도 만들었지요. 자연의 복잡한 법칙을 계산할 수 있는 수학에서 미적분학의 틀을 만들기도 했어요. 이토록 놀라운 업적을 남긴 뉴턴은 "내가 더 멀리 보았다면, 거인의 어깨 위에 올라서 있었기 때문이다."라고 말했어요. 자신의 업적도 이전 학자들의 연구를 바탕으로 이루어졌다는 뜻이랍니다.

13 스마트폰은 어떻게 충전될까?

가전제품은 전기 에너지로 작동해요. **전기 에너지**는 전류가 흐르며 생기는 에너지를 말하지요. 전기 에너지를 쓰는 방법은 다양해요. 냉장고나 TV는 전원에 연결해서, 리모컨은 건전지를 끼워서, 스마트폰은 충전해서 사용해요.

이때 **전지**는 물질이 갖고 있는 화학 에너지를 전기 에너지로 바꾸어 저장하는 도구예요. 두 가지 금속을 전해질에 담그고 도선으로 연결하면 전류가 흐르는데, 전지는 이 원리를 이용하지요. 건전지와 같은 1차 전지는 화학 에너지를 전기 에너지로 모두 바꾸면 새로운 전지로 바꾸어야 해요. 하지만 스마트폰에 쓰는 리튬 전지와 같은 2차 전지는 충전해서 다시 사용할 수 있어요.

핵심 개념
전기 에너지: 전기로 일을 할 수 있는 능력
전지: 화학 에너지를 전기 에너지로 바꾸는 장치

14 탈취 스프레이는 어떻게 냄새를 없앨까?

아침에 외투를 입었는데 전날 먹은 고기 냄새가 난다면? 학교에서 냄새를 풍길까 봐 걱정이 될 거예요.

냄새는 코로 맡을 수 있는 물질의 특성으로, 냄새를 내는 **분자**로 이루어져 있어요. 분자는 물질 고유의 성질을 가진 가장 작은 알갱이를 뜻해요. 냄새 분자가 콧속으로 들어가면 **후각** 세포가 감지하고 대뇌에 알려요. 우리가 느끼기에 향기로운 냄새도 있고, 아주 고약한 냄새도 있어요. 대뇌는 냄새에 따라 우리 몸이 어떻게 반응할지 명령을 내려요. 손으로 코를 막거나 손으로 바람을 일으켜 냄새를 날리도록 해요.

냄새를 없애는 것을 탈취라고 해요. 탈취하는 방법은 다양합니다. 가장 흔한 탈취 방법은 냄새 나는 물건 주변에 숯이나 활성탄처럼 구멍이 많은 물질을 두는 거예요. 숯에는 눈에 잘 보이지 않는 구멍이 아주

> **핵심 개념**
> **분자** : 물질 고유의 성질을 가진 가장 작은 알갱이
> **후각** : 냄새를 맡는 감각

많거든요. 그러면 냄새를 일으키는 분자가 구멍에 쏙 들어가 흡착되어 냄새가 사라져요.

또 다른 방법은 냄새 분자를 잘 흡착하는 물질을 냄새 나는 것에 뿌리는 거예요. 섬유 탈취제처럼 말이에요. 옷을 이루는 섬유도 작은 구멍이 많기 때문에 냄새 분자가 들어가면 잘 나오지 않아요. 그래서 '사이클로덱스트린'과 '염화아연'이라는 물질을 이용해요. 냄새 분자를 잘 흡착할 수 있는 구조로 되어 있거든요. 이 물질로 탈취 스프레이를 만들면 스프레이 분자가 냄새 분자를 흡착해 함께 날아가 버리지요. 이때 냄새를 더 효과적으로 제거하려면 탈취 스프레이를 뿌린 뒤 바람이 잘 통하는 밖에 잠시 걸어 두세요. 냄새가 모두 날아갈 수 있도록 말이지요.

 영화 속으로 들어간 듯한 4D 영화관

영화관에 가면 같은 영화라도 다양하게 즐길 수 있어요. 일반적인 평면 스크린으로 볼 수도 있고, 3D 안경을 쓰고 3차원 입체로 영화를 볼 수도 있어요. 그리고 4D 영화관에서는 의자가 이리저리 움직이기도 하고, 영화에 나오는 특정한 냄새를 풍기기도 해요. 물을 뿌리기도 하지요. 냄새를 풍길 때는 냄새를 내는 안전한 화학 물질을 퍼뜨리는 거예요. 그래서 관객들은 영화에 더욱 깊게 빠져들 수 있어요.

15 아침에 커피를 마시면 왜 잠이 깰까?

어른들은 아침에 커피를 마시곤 해요. 쓰디쓴 커피를 마시는 어른을 보면 맛이 있어서 먹는 건지, 정말로 잠이 깨는지 궁금하기도 해요. 잠을 깨우고 정신을 맑게 하는 **각성** 효과는 커피에 들어 있는 카페인 때문이에요. **카페인**은 일부 식물이 스스로를 보호하기 위해 만들어 낸 독성 물질이에요. 중추 신경을 흥분시키는데, 이 효과로 잠에서 깨어나게 해 주고 피로감을 덜어 준답니다. 하지만 많이 먹으면 불면증, 흥분, 손 떨림, 신경과민이 일어나서 어른도 많이 마시면 좋지 않아요. 카페인은 성장기 몸에 더 나쁜 영향을 주기 때문에 어린이들은 먹지 않도록 해야 해요.

카페인은 커피뿐 아니라 차, 인스턴트커피, 커피 우유, 홍차, 코코아, 콜라 등 많은 음료에 들어 있어요. 탄산음료를 세 캔만 먹어도 하루 동안 먹어도 되는 카페인 권장량을 훨씬 뛰어넘는답니다. 에너지 음료에도 카페인이 무척 많이 있어요. 그래서 음료를 살 때는 카페인 함량을 주의 깊게 살펴봐야 한답니다.

> **핵심 개념**
> **각성** : 깨어 정신을 차림
> **카페인** : 식물이 자신을 보호하기 위해 만든 독성 물질의 한 종류로 각성 효과가 있다.

16 아침에는 왜 뿌옇게 안개가 끼는 걸까?

시골이나 캠핑장에서 아침에 일찍 일어나면 연기처럼 자욱한 안개가 끼어 있는 풍경을 본 적 있을 거예요. 주위에 강이나 호수가 있다면 안개가 더욱 짙지요. 이른 아침에는 분명 뿌옇게 안개가 끼어 있지만 해가 높아지고 낮이 되면 안개는 사라지고 말아요.

안개는 연기처럼 보이지만, 지표면 근처에 떠 있는 작은 물방울이에요. 공기 중에 있던 기체 상태인 수증기가 온도가 낮은 새벽에는 액체 상태인 물로 변해 지표면 근처에 떠 있는 거예요. 이처럼 기체인 수증기가 액체인 물로 변하는 과정을 **응결**이라 합니다. 안개는 온도가 높아지면 다시 수증기가 되어 공기 중으로 돌아가지요.

이렇게 안개와 비슷한 현상이 바로 구름이에요. 구름은 수증기가 높이 올라가다가 온도가 낮아져서 물방울로 변한 것이랍니다. 안개는 지표면에 생기고, 구름은 높은 하늘에서 발생한다는 점이 다르지요.

핵심 개념

안개 : 공기 중의 수증기가 지표면 근처에서 응결하여 작은 물방울로 떠 있는 현상
응결 : 기체인 수증기가 액체인 물로 변하는 현상

이른 아침 산책길에서는 나뭇잎 위로 또르르 굴러가는 이슬도 볼 수 있어요. 이슬이 생기는 원리도 안개와 비슷해요. 공기 중의 수증기가 이른 아침 차가워진 나뭇잎에 닿아 액체 상태인 물방울로 변한 것이지요. 이슬도 낮이 되면서 기온이 올라가면 다시 기체 상태인 수증기로 변해요.

이와 같이 다양한 기상 현상은 기온, 물, 그리고 대기의 압력인 기압도 관련이 있답니다. 공기 중의 수증기가 어디에서 물방울로 응결되는지에 따라 안개, 이슬, 구름이 되니까요. 구름은 비와 눈을 내려 날씨를 만들기도 하니, 물의 변신은 참 신기하지요?

> 더 알아보기 167쪽을 읽어 보세요!

한낮에도 뿌옇다면 스모그 탓!

한낮인데도 뿌옇게 흐려서 앞이 잘 보이지 않을 때가 있어요. 이른 아침의 안개와는 다른 현상인 스모그 때문이에요. 스모그는 연기(smoke)와 안개(fog)가 합쳐진 말이에요. 자동차 배기가스와 공장의 매연 속 오염 물질이 안개와 섞여 나타나는 현상이지요.

런던의 스모그

스모그는 런던형 스모그와 로스앤젤레스형 스모그로 나눌 수 있어요. 런던형 스모그는 공장이나 가정에서 석탄을 연료로 사용할 때 나오는 이산화황이 안개와 만나 스모그 현상을 일으키는 거예요. 1952년 런던에서 발생한 스모그 때문에 수천 명의 사람이 사망했어요. 겨울철에 발생했기 때문에 오염 물질이 오랫동안 지표면에 머물러 피해가 컸지요. 로스앤젤레스형 스모그는 미국 로스앤젤레스에서 발생한 광화학 스모그예요. 자동차나 오토바이의 배기가스에 들어 있는 질소 산화물이 태양 광선과 만나 독성 물질을 만들어 낸 거예요. 이러한 스모그 현상을 막기 위해 세계 여러 나라에서는 자동차의 배기가스를 줄이는 규제를 만들었지요.

17 어떻게 날씨를 미리 알고 일기 예보를 하는 걸까?

아침 뉴스에서 빠지지 않는 정보는? **일기 예보**예요. 학교 가기 전에 날씨가 어떤지 알아야 옷을 어떻게 입을지, 우산을 챙길지 말지 알 수 있으니까요. 날씨를 보면 겨울이라도 추운 정도가 다르고, 여름이라고 항상 비가 오는 것은 아니랍니다. 비, 바람, 구름, 기온과 같은 날씨는 계속 변해요. 지구의 대기가 가만히 있지 않고 끊임없이 움직이기 때문이에요.

변화하는 **날씨**를 예측하려면, 여러 가지 관측 자료가 필요해요. 기압, 기온, 습도, 바람의 방향, 바람의 세기 등이 일기 예보에 필요한 관측 자료예요. 곳곳에 설치된 기상 관측소에서 관측한 기상 자료를 매일 기상청에 보내요. 여기에 인공위성이 우리나라 위에서 관측한 자료도 보내 준답니다. 다양한 자료를 모아 기온, 기압, 구름의 양, 풍향, 풍속 등을 지도에 표시해 일기도를 그린 다음, 앞으로 어떻게 날씨가 변할지 예측하는 거예요.

보통 1~3일의 일기 변화를 알려 주는 일일 예보와 일주일의 일기 변화를 알려 주는 주간 예보, 한 달간의 일기 변화를 예측하는 월간 예보가 있어요. 그 밖에 태풍과 같은 자연재해가 올 것으로 예상될 때는 기상 특보를 발령해서 위험을 알리기도 해요.

이렇게 날씨를 예측하는 데에는 슈퍼컴퓨터를 사용해요. 슈퍼컴퓨터는 말 그대로 성능이 아주 좋은 컴퓨터예요. 관측 자료를 입력하고 날씨가 어떻게 될지 알아볼 수 있지요. 하지만 아무리 뛰어난 슈퍼컴퓨터라고 해도, 아무리 오래 일기 예보를 한 사람이라고 해도 날씨를 정확하게 예측하기는 어려워요.

날씨를 달라지게 할 요소가 많기 때문이에요. 날씨는 특정 해역의 수온 변화 등에 따라 달라지기도 하거든요.

특히 요즘은 일기를 예보하기가 더욱 어려워졌어요. 지구 온난화 때문이지요. 지구 온난화로 전에 없던 이상 기후가 늘어나다 보니 일기 예보를 정확하게 예측하기 더욱 어려워지고 있어요.

☞ 더 알아보기 137쪽을 읽어 보세요!

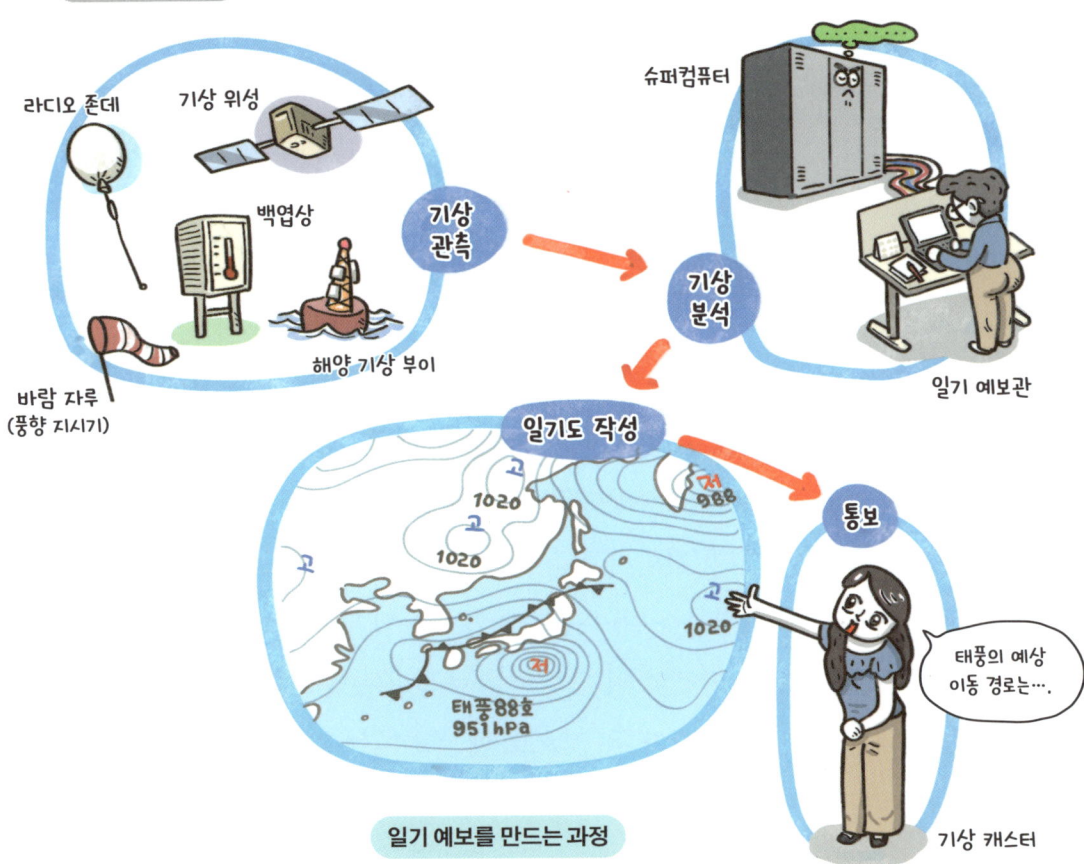

일기 예보를 만드는 과정

> **핵심 개념**
>
> **일기 예보** : 날씨의 변화를 예측하여 미리 알리는 일
> **날씨** : 그날의 비, 구름, 바람, 기온, 기압 등이 나타나는 기상 상태

18 달팽이는 왜 무거운 집을 지고 다닐까?

껍데기를 가진 달팽이

비 온 뒤 화단을 보면 축축해진 풀잎 위로 꼬물꼬물 기어가는 달팽이를 볼 수 있어요. 무거운 집을 등에 진 채 말이에요. 달팽이가 집을 지고 다니는 이유가 궁금하지요? 작은 몸으로 무거운 집을 지고 다니니 안타깝기도 해요. 하지만 걱정하지 않아도 돼요. 달팽이의 집은 무거운 짐이 아니라 스스로를 보호하기 위한 껍데기이니까요. 이 껍데기를 패각이라 한답니다.

그렇다면 이제 달팽이의 집, 패각이 어떤 역할을 하는지 살펴볼까요?

달팽이는 패각을 제외한 나머지 부분에는 뼈가 하나도 없이 말랑말랑한 **연체동물**이에요. 오징어, 문어, 조개, 전복, 소라도 연체동물이지요. 이 중에서 배에 근육질의 넓고 평평한 발이 달린 연체동물을 **복족류**라고 해요. 한자로 배 복(腹)과 발 족(足), 배에 발이 붙어

난 군소야. 특이한 외모 때문에 바다 달팽이, 바다 토끼라고도 불려!

> **핵심 개념**
> **연체동물** : 뼈가 없어 몸이 연하고 몸이 마디로 나누어져 있지 않은 동물
> **복족류** : 배에 근육질인 넓고 평평한 발이 달려 있는 연체동물

있나는 뜻이에요. 날쌩이처럼 날이시요. 날쌩이는 근육질의 넓은 발로 곰작곰작 움직여 앞으로 나아가요.

문제는 뼈 한 조각 없이 연한 몸이 너무 약해서 외부의 공격으로부터 몸을 지키기 어렵다는 거예요. 축축한 몸에서 수분이 날아가기도 쉽지요. 그래서 조개가 껍데기 안에서 살 듯 달팽이도 몸에 껍데기를 갖게 된 거예요. 수분을 지킬 수도 있고, 적이 공격하면 껍데기 안으로 숨을 수도 있지요.

또 복족류의 몸은 겉으로 보기에는 좌우가 같아 보이지만, 내장 기관은 좌우가 똑같지 않아요. 좌우 균형이 맞지 않으면 몸이 많이 흔들리기도 해요. 앞으로 나아갈 때 껍데기는 균형을 잡아 주는 역할도 합니다. 달팽이의 껍데기는 태어날 때부터 붙어 있고 나선형으로 말려 있지요. 몸집을 키우기도 좋고, 물속에서 물의 흐름을 타기도 좋아요.

껍데기가 없는 민달팽이

하지만 모든 달팽이가 껍데기를 가진 것은 아니에요. 민달팽이는 껍데기가 없어도 씩씩하게 잘 살아가고 있답니다.

 달팽이는 이빨 부자!

연체동물인 달팽이는 뼈가 없어요. 그렇다면 달팽이는 이빨도 없을까요?
연체동물이 뼈가 없기는 하지만 이빨처럼 보이는 구조가 있어요. 단단한 이빨 같은 혀라고 해서 치설(齒舌)이라고 부르지요. 적어도 만 개가 넘는답니다. 달팽이는 나뭇잎에 입을 대고 치설로 쉴 새 없이 나뭇잎을 갉아 먹는답니다. 오징어도 작고 동그란 입 안에 단단한 이빨 같은 치설이 있어요.

19 화단의 꽃은 왜 알록달록할까?

나팔꽃, 팬지, 철쭉, 모란꽃, 튤립, 진달래…. 학교 가는 길 화단에서는 다양한 색과 모양의 꽃을 볼 수 있어요. **꽃**은 얼마 지나지 않아 지지만, 내년에도 그다음 해에도 꽃을 볼 수 있어요. 꽃이 만드는 씨앗 덕분이지요. 씨앗으로 다음 세대의 식물을 만드는 거예요. 이처럼 꽃을 피우고 씨앗을 만들어 번식하는 식물을 **종자식물**이라고 해요. 종자는 씨앗을 뜻하거든요.

꽃은 꽃잎, 꽃받침, 암술, 수술로 이루어져 있어요. 이 네 기관을 모두 갖춘 꽃도 있고, 일부 기관만 갖춘 꽃도 있어요. 이 기관들은 꽃이 씨앗을 만드는 데 중요한 역할을 해요.

씨앗이 만들어지려면 수술의 꽃가루가 암술머리에 닿아야 해요. 하지만 한 나무에 암꽃과 수꽃이 따로 피거나 암나무와 수나무로 나뉘어 있기도 해서, 스스로 꽃가루를 옮기기 어려울 때가 많아요. 그래서 벌이나 나비와 같은 곤충의 도움이 필요하지요.

꽃은 곤충이나 새를 유인하기 위해 달콤한

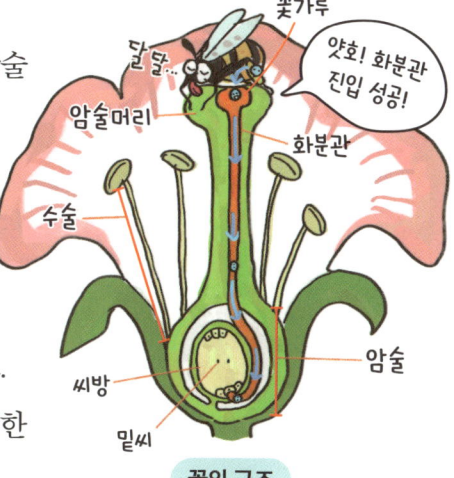

꽃의 구조

핵심 개념

꽃: 종자식물이 다음 세대를 만드는 데 필요한 기관
종자식물: 꽃을 피우고 씨앗을 만들어 번식하는 식물

꿀을 만들고, 또 알록달록한 색을 내요. 곤충과 새들의 눈은 저마다 달라서 모두 같은 색을 볼 수 있는 것이 아니랍니다. 벌은 주로 보라색과 자외선을 감지해요. 자외선은 보라색보다 파장이 짧고 우리 눈에는 보이지 않는 빛이에요. 그래서 벌은 보라색 계열의 꽃에 끌려요. 하얀색 꽃은 나방, 딱정벌레가 좋아해요. 붉은색 계열의 꽃은 새들이 좋아해요. 또 노란색은 벌, 꽃등에가 좋아한답니다. 나비는 붉은색, 노란색, 파란색 등 화려한 색의 꽃을 좋아해요.

이렇게 색에 이끌려 온 곤충과 새들이 꿀을 먹는 동안 꽃가루가 몸에 붙고, 다른 꽃과 나무에 있는 암술에 옮겨지는 거예요. 꽃가루가 암술머리에 닿으면, 씨방의 밑씨와 만나 수정이 이루어지고, 수정이 끝나면 꽃잎이 지고 밑씨가 씨앗으로 자란답니다.

 꿀벌이 만들어 준 밥상

씨앗을 맺게 도와주는 꿀벌의 역할은 매우 중요해요. 우리의 식생활에도 큰 영향을 준답니다. 과일, 채소, 곡식, 견과류도 모두 꿀벌이 도와야 열매를 맺을 수 있어요. 소나 돼지도 사료로 곡식과 채소를 먹기 때문에 꿀벌의 도움이 필요한 셈이에요. 우리 밥상의 대부분을 꿀벌이 만들어 준다고 할 수 있지요.

꿀벌

그런데 요즘 꿀벌이 줄어들어 큰 문제가 되고 있어요. 기후 변화로 꿀벌이 활동하는 시기보다 꽃들이 일찍 피어 버리기 때문이에요. 꽃이 일찍 피었을 때, 꿀벌이 활동하지 않아서 꽃가루를 옮겨 주지 못해요. 이후 꿀벌이 깨어났을 때는 꽃이 이미 져 버린 다음이라 꿀벌은 꿀을 모을 수 없어요. 먹을 것이 없어진 꿀벌은 그 수가 점점 줄고 있지요. 꿀벌이 줄면 농작물도 그 영향을 받아요. 이렇게 기후 변화는 지구와 우리 삶의 많은 부분을 바꾸고 있답니다.

20 해바라기는 항상 해만 바라볼까?

해바라기는 항상 해를 바라보고 있어서 이름도 해바라기예요. 아침에 동쪽에서 해가 뜨면 동쪽을 바라보다가 해가 서쪽으로 이동하면 서쪽으로 방향을 바꾸니까요. 그런데 해바라기가 죽을 때까지 해만 바라보는 것은 아니에요. 자라는 동안만 빛을 따라 움직인답니다. 빛을 받아 생장하기 위해서지요. 이처럼 식물이 빛의 자극에 반응하는 성질을 **굴광성**이라고 합니다.

다 자란 해바라기는 꽃을 피우면 아침에도, 낮에도, 저녁에도 방향을 고정해 동쪽만 바라봐요. 이른 아침 떠오르는 해를 빨리 보기 위해서예요. 해바라기를 자세히 보면 커다란 꽃 안에 아주 작은 수많은 꽃이 들어 있어요. 각각의 꽃에 있는 꽃가루를 암술머리에 옮기는 **수분**이 일어나야 씨앗을 만들고 열매를 만들 수 있지요. 그래서 햇빛으로 새벽에 맺힌 이슬을 날리고 빨리 따뜻하게 몸을 데워 나비나 벌이 날아오게 하는 거예요. 햇빛을 일찍 받아 열매를 빨리 익게 하기 위해서이기도 해요.

핵심 개념
굴광성 : 식물이 빛의 자극에 반응하는 성질
수분 : 수술의 꽃가루가 암술머리에 붙는 일

21. 나팔꽃은 어떻게 밤에 지고 아침에 다시 피어날까?

나팔꽃, 접시꽃, 패랭이꽃, 노루오줌 등 여름철 화단에서는 다양한 색과 모양의 꽃을 볼 수 있어요. 벌과 나비를 모으기 위해 꽃이 활짝 펴 있지요. 그런데 어떤 꽃들은 밤이 되면 꽃잎을 오므렸다가 아침이 되면 꽃잎을 다시 펼친답니다. 마치 우리가 밤에 잠을 자고 아침에 일어나는 것처럼요.

꽃이 햇빛과 **기온**을 감지할 수 있기 때문이에요. 민들레는 꽃이 햇빛을 받으면 꽃잎을 펴고, 햇빛이 없으면 꽃잎을 오므려요. 나팔꽃은 기온의 높낮이에 따라 꽃잎을 폈다 오므린답니다.

꽃이 밤에 꽃잎을 오므리고 휴식을 취하는 이유는 여러 가지예요. 낮에는 햇빛을 받아 영양분을 만드는 광합성을 하고, 광합성을 하지 못하는 밤에는 에너지를 아끼기 위해서랍니다. 낮에는 화려한 꽃으로 꽃가루를 옮길 곤충을 유인하지만, 밤에는 꽃잎을 닫아 동물에게 먹히지 않게 하려는 거지요. 그리고 기온이 낮아지는 밤에는 꽃가루가 얼지 않도록, 이슬이 생기는 새벽에는 꽃가루가 젖지 않도록 꽃잎을 오므리는 거예요.

> **핵심 개념**
> **나팔꽃** : 여름에 피는 나팔 모양의 꽃
> **기온** : 대기의 온도

동물처럼 움직이는 식물이 있다면?

상상해 보세요. 만약 나팔꽃이 내 팔을 베고 잠을 자고, 민들레꽃이 우리 집에 와서 밥을 같이 먹으면 어떨까요? 물론 식물이 사람이나 동물처럼 직접 자리를 옮겨 다니지는 않아요. 하지만 동물처럼 행동하는 식물은 있답니다. 바로 먹이를 잡아먹는 벌레잡이 식물이에요. 식물이 보통 햇빛으로 광합성을 해서 영양분을 얻는 것과는 달리 벌레잡이 식물은 벌레를 잡아 소화시켜 영양분을 보충해요. 물론 벌레잡이 식물도 땅에 뿌리를 내리고 있답니다. 벌레를 잡을 수 있도록 꽃을 피운 다음, 달콤한 냄새를 풍겨 미끄러운 긴 통으로 유인하거나, 끈끈한 점액으로 벌레가 도망치지 못하도록 해요.

어떤 식물은 아예 광합성을 하지 않기도 해요. 초록색 잎도 없이 커다란 꽃이 식물의 전부랍니다. 인도네시아 수마트라섬에 있는 라플레시아의 이야기예요. 몸이 꽃이 전부인 라플레시아는 포도나무과 식물의 줄기와 뿌리에 붙어 기생하며 영양분을 얻어요. 마치 다른 동물의 몸에 붙어 살아가는 기생충처럼 말이에요. 라플레시아는 고약한 냄새를 풍기는 특징이 있는데, 파리를 유인해서 꽃가루를 옮기게 하려는 거예요.

라플레시아

22 신호등은 왜 빨간색과 초록색일까?

횡단보도 앞에 서면 빨리 건너고 싶어서 신호등을 뚫어지게 쳐다보곤 해요. 신호등은 빨간색과 초록색으로 되어 있어요. 우리나라뿐 아니라 세계 여러 나라의 신호등도 거의 빨간색과 초록색이에요. 신호등뿐 아니라 다른 장치에서도 빨간색은 주로 경고나 금지의 의미로 쓰여요. 신호등의 빨간색은 멈추라는 뜻을 강하게 알려 주지요. 이와는 달리 초록색은 허용의 의미로 많이 쓰여요. 신호등의 초록색은 지나가도 된다는 뜻이에요.

빨간색은 초록색과 서로 **보색** 관계에 있어요. 보색 관계에 있는 색은 **색상환**에서 마주 보고 있는 색으로, 빨간색과 초록색을 한데 섞으면 검은색이 돼요. 두 색은 구별하기도 좋아요. 서로 반대의 의미를 띠면서 눈에 잘 띄기 때문에 신호등을 빨간색과 초록색으로 만든 거예요. 노란색이 있는 신호등도 있어요. 노란색 등은 초록색에서 빨간색으로 바뀌는 사이에 들어와요. 교차로에서 움직이던 차는 빨리 움직여 길을 건너고, 뒤따라오던 차는 그대로 멈추어 다음 신호를 기다리라는 뜻이랍니다.

> **핵심 개념**
> **보색**: 둘을 섞어 흰색 또는 검은색이 되는 색의 관계
> **색상환**: 성질이 비슷한 색을 둥글게 나열한 색상표

23 씨앗은 언제 싹을 틔울까?

씨앗에는 앞으로 자라날 어린 식물이 들어 있어요. 씨앗 안에는 배와 배젖이 있는데, 배는 식물로 자라날 부분이고, 배젖은 배가 자라며 필요한 양분을 저장하는 곳이에요. 씨앗에서 처음 돋아나는 어린 잎이나 줄기를 **싹**이라고 해요. 씨앗이 싹을 틔우는 현상을 **발아**라 한답니다.

씨앗이 처음 틔운 잎이 떡잎이에요. 떡잎이 한 장 나는 외떡잎식물에는 옥수수, 벼, 보리가 있어요. 그리고 떡잎이 두 장 나는 쌍떡잎식물로는 봉숭아, 강낭콩, 호박 등이 있어요.

우리가 먹는 현미나 콩 같은 곡물도 식물로 자랄 씨앗이에요. 싹이 든 현미와 콩을 논과 밭에 심으면 벼와 콩으로 자라나지요. 그런데 신기하게도 현미나 콩은 심지 않고 오래 보관해도 싹을 틔우지 않아요.

씨앗은 일정한 환경이 갖춰져야 발아하기 때문이에요. 어린 식물을 품은 씨앗은 적절한 수분, 적절한 온도, 적절한 산소 같은 조건이 맞아야 싹이 터요. 발아하는 조건은 식물마다 다르답니다. 겨우살이처럼 햇빛이 있어야 싹을 틔우는 식물도 있고, 호박이나 오이처럼 햇빛이 없어야 싹을 틔우는 식물도 있어요. 씨앗이 좋아하는 환경이어야 싹을 틔우고 새로 자라날 준비를 해요.

콩나물은 콩에 싹이 터 자란 식물이에요. 콩은 햇빛이 없어도 싹을 틔워요. 그래서 집에서 콩나물을 기를 때 물이 잘 빠지는 통에 콩을 담고, 물을 충분히 준 다음 햇빛을 보지 못하게 어두운 천으로 덮어 키워요. 그러면 길게 자라난 콩나물을 나물로 먹을 수 있어요. 햇빛을 받고 자란 초록색 콩나물은 더 짧고 질겨요.

> **핵심 개념**
>
> **싹** : 씨, 줄기, 뿌리 등에서 처음 돋아나는 어린잎이나 줄기
> **발아** : 씨앗이 싹을 틔우는 현상

싹, 싹, 싹이 났어요!

> 싹이 틀 수 있는 알맞은 조건을 알아봐요!

준비물: 강낭콩 6개, 페트리 접시 3개, 물, 식초, 키친타월, 쿠킹 포일

실험 방법

① 페트리 접시마다 키친타월을 깔고 강낭콩을 두 개씩 놓는다.
② 첫 번째 접시는 그대로 두고, 두 번째 접시에는 물을 뿌린다. 세 번째 접시에는 식초를 뿌린다.
③ 페트리 접시를 모두 쿠킹 포일로 덮어 빛을 보지 못하게 한다.
④ 매일 싹이 텄는지 확인한다.

실험 결과

물에 적신 키친타월에서만 싹이 튼다. 강낭콩이 싹을 틔우는 데 햇빛은 중요하지 않다. 이번 실험으로 강낭콩 싹을 틔우려면 물이 필요하다는 것을 알 수 있다.

24 비는 어디서부터 오는 걸까?

    화단에 있는 식물이 쑥쑥 자라려면 햇빛뿐 아니라 **비**도 충분히 와야 해요. 식물이 자라는 데 물이 꼭 필요하기 때문이지요. 다행히 하늘에 있는 구름에서 식물이 마실 비가 내려오지요.

    구름은 어떻게 생길까요? 공기 덩어리가 뭉쳐서 태양열을 받아 따뜻해지면 하늘 높이 올라가요. 높이 올라갈수록 주변의 기압이 낮아지기 때문에 공기의 부피가 커지고 기온이 내려가요. 이때 공기 속에 있던 수증기는 액체인 작은 물방울로 응결되거나 작은 얼음 알갱이가 돼요. 작은 물방울이나 얼음 알갱이들이 모여 **구름**을 이룬답니다.

    구름에 있는 작은 물방울과 얼음 알갱이들이 끼리끼리 뭉치며 점점 커져요. 무거워진 물방울들과 얼음 알갱이들은 더 이상 하늘에 머물지 못하고 아래로 떨어지지요. 아래로 내려오면서 기온이 올라가고 얼음 알갱이들은 녹아 물방울이 돼요. 이렇게 땅으로 떨어지는 물방울들이 바로 비랍니다.

    비로 내린 물은 시냇물로 흐르고, 강물이 되고, 바다로 흘러가요. 강이나 바다와 같은 물의 표면에서 공기 중으로 수증기가 되어 날아가기도 하고, 공기에 있던 수증기가 응결되어 다시 물로 돌아오기도 해요. 하지만 보통 물에서

핵심 개념

비 : 구름 속의 작은 물방울이나 얼음 알갱이가 뭉쳐 물로 떨어지는 것
구름 : 작은 얼음 알갱이나 작은 물방울이 하늘 높이 모여 있는 것

공기 중으로 나가는 물이 더 많아 증발이 일어난답니다.

수증기를 포함한 공기는 다시 높이 올라가고 구름이 되어 비로 다시 내려온답니다. 이렇게 지구의 물은 돌고, 돌고, 돌아요. 온 지구를 촉촉하게 적시며 지구에 있는 모든 생명의 갈증을 해소해 주지요.

👉 더 알아보기 45쪽을 읽어 보세요!

비를 조금이라도 덜 맞으려면 뛰는 게 좋을까?

비가 오는 날 우산이 없다면 걸어야 할까요, 뛰어야 할까요? 바로 답하기는 쉽지 않아요. 뛰지 않고 걸어가면 빗방울은 위에서만 내리지만, 뛰어가면 비를 온몸으로 맞는 느낌이 들잖아요. 하지만 곰곰이 생각해 보면 답을 알 수 있어요. 하늘에서 내리는 비의 양은 머리 위로 떨어지건 얼굴로 떨어지건 그 양은 같아요. 그러니까 비를 맞는 시간을 최대한 줄이는 게 비를 덜 맞는 방법이지요. 그래서 걷는 것보다는 뛰는 게 시간이 단축되고, 비를 맞는 양도 적어진답니다. 하지만 비가 오는 날은 비 때문에 앞이 잘 보이지 않아 넘어질 수 있기 때문에 조심해야 해요. 차가 오지 않는지 길이 미끄럽지는 않은지 잘 살펴봐야 해요.

25 비가 온 뒤에는 왜 흙냄새가 날까?

비 오는 날 창문을 열고 있거나 밖에 있으면 독특한 **냄새**를 맡을 수 있어요. 마치 빗방울이 떨어지는 흙탕물에서 나는 냄새 같아서, 사람들은 이 냄새를 흙냄새라고 해요. 하지만 이 냄새는 흙 속에 사는 미생물이 만들어 낸 냄새랍니다. 흙 속에는 다양한 미생물이 살고 있어요. 이 중 스트렙토마이세스, 시아노박테리아 같은 미생물들이 흙을 먹고 '지오스민'이라는 물질을 만들어 내요. 지오스민은 미생물이 죽을 때 흙 속으로 방출된답니다. 그래서 비가 오면 흙먼지 속에 있던 지오스민 분자가 아주 작게 쪼개져 공기 중으로 퍼져요. 이 지오스민 분자가 우리 **코**로 들어와 흙냄새를 맡을 수 있어요. 사람은 지오스민 냄새에 아주 민감해요. 아주 적은 극소량의 지오스민만 있어도 알아차릴 수 있어요. 이런 지오스민의 냄새는 송어와 같이 진흙을 좋아하는 민물고기에게서는 흙 비린내로 납니다. 조개를 물에 넣고 해감할 때도 이 냄새가 난답니다. 모두 지오스민이 내는 냄새이지요.

> **핵심 개념**
>
> **냄새** : 코로 맡을 수 있는 물질의 특성
> **코** : 호흡기이며 냄새를 맡는 감각 기관

26 무지개는 왜 비가 온 뒤에 생기는 걸까?

무지개

무지개는 빨주노초파남보 일곱 빛깔의 띠가 하늘에 나타나는 현상을 말해요. 주로 비 온 직후에 나타나지요. 햇빛이 물방울을 통과할 때 무지개가 나타나기 때문이에요.

빛은 다른 물질로 들어갈 때 꺾여 굴절돼요. 그래서 햇빛이 물방울로 들어갈 때 꺾여 굴절된 다음, 물방울의 표면에 반사되어 나올 때 다시 한번 굴절돼요.

그런데 백색인 햇빛은 빨주노초파남보의 여러 가지 색의 빛이 섞인 빛이에요. 각 색의 빛은 굴절될 때 꺾이는 정도가 모두 달라요. 그래서 물방울을 통과한 빛은 여러 가지 색의 빛으로 나누어져요. 백색 빛이 여러 가지 색의 빛으로 나누어지는 것을 **분산**이라고 합니다. 물방울을 통과한 햇빛이 굴절되고 분산되어 만들어진 것이 바로 무지개랍니다.

햇빛 아래에서 분무기로 물을 뿌리거나 유리컵에 물을 담아 놓으면 무지개를 만들 수 있어요.

핵심 개념

무지개 : 햇빛이 공기 중 물방울을 통과하며 보이는 여러 색의 빛의 띠
분산 : 햇빛이 여러 가지 단색의 빛으로 나누어지는 현상

27 비눗방울은 왜 무지갯빛을 띨까?

　동글동글 비눗방울은 비눗물을 공기 중에 불어서 만들어요. 비눗물에 글리세린을 섞으면 비눗방울이 쉽게 터지지 않고 동그란 모양이 오래 유지되지요. 동그란 비눗방울은 날아다니다 햇빛 아래서 무지갯빛을 보여 준답니다.

　비눗방울을 만드는 비눗물은 보통 투명하거나 흰색이에요. 하지만 날아다니는 비눗방울은 아름다운 무지갯빛을 띠지요. 비눗방울 막이 굉장히 얇기도 하고 빛이 반사하고 굴절하는 성질이 있기 때문이에요. 비눗방울의 막은 1㎛(**마이크로미터**)보다 작은, 얇은 두께의 막이랍니다. 1㎛는 1mm(**밀리미터**)를 1,000으로 나눈 0.001mm로 머리카락 두께보다 얇아요.

　햇빛이 비눗방울에 들어가면 일부는 밖으로 반사되고 일부는 안쪽으로 들어가요. 비눗방울 안으로 들어간 빛은 굴절되어 진행 방향이 바뀌어요. 그리고 비눗방울 막에 부딪혀 반사되지요. 반사된 빛은 비눗방울 밖으로 나올때 다시 한번 굴절된답니다. 비눗방울의 막은 매우 얇기 때문에 막 표면에서 반사된 빛과 비눗방울에 들어갔다가 나온 빛이 만나기도 해요. 그러면 어떤 빛은 세지고 어떤 빛은 약해져서 다양한 무지갯빛이 나타나게 됩니다.

핵심 개념

㎛ (**마이크로미터**) : 길이의 단위로 1㎛ 는 1/1,000,000m(미터)
mm(**밀리미터**) : 길이의 단위로 1mm는 1/1,000m(미터)

28. 우리나라는 왜 봄, 여름, 가을, 겨울 사계절이 있을까?

지구가 기운 채로 태양 주변을 돌기 때문에 계절의 변화가 생겨.

봄에는 파릇파릇 새잎이 돋아나요. 봄이 지나 여름이 오면 뜨거운 햇볕과 무더위가 찾아오지요. 여름이 지나 가을이 오면 서늘해지고 낙엽이 진답니다. 겨울이 오면 춥고 눈이 오지요.

우리나라는 일 년을 주기로 봄, 여름, 가을, 겨울 **사계절**이 반복돼요. 하지만 지구에 있는 모든 곳이 봄, 여름, 가을, 겨울로 계절의 변화가 뚜렷한 것은 아니에요. 극지방은 항상 춥고, 적도 지방은 항상 덥지요. 계절의 변화가 뚜렷한 곳은 중위도랍니다.

중위도 지방에서 계절이 뚜렷하게 변하는 까닭은 계절마다 들어오는 햇빛의 양이 달라지기 때문이에요. 햇빛의 양이 달라지는 것은 지구가 자전축이 기울어진 채 태양을 중심으로 **공전**하기 때문이고요. 지구가 스스로 한 바퀴 돌며 자전할 때 중심이 되는 축을 자전축이라 하고, 지구가 태양을 중심으로 도는 것을 공전이라 해요.

무더운 여름 한낮을 떠올려 보세요. 태양이 머리 꼭대기에 있어요. 햇빛이 지표면과 수직을 이루어 강하게 들어옵니다. 반대로 추운 겨울에는 한낮에도 해가 높이 뜨지 않아요. 그래서 햇빛이 지표면에 가까이 비스듬하게 들어와요. 이처럼 해가 높이 뜨고 낮게 뜨는 것은 지구로 들어오는 열의 양에 영향을 줘요. 똑같은 한낮이라노 해가 높이 뜨는 여름에는 땅에 열이 많이 들어오고, 해가 낮게 뜨는 겨울에는 열이 적게 들어온답니다. 그래서 여름에는 무덥고, 겨울에는 추운 거예요.

30℃가 넘는 무더운 여름을 보냈다가 영하 10℃가 넘는 겨울을 맞으면 일 년 내내 일정한 날씨를 지닌 곳에서 살고 싶은 마음이 들 거예요. 하지만 적도 지방에는 일 년 내내 햇빛이 수직에 가깝게 내리쬐어 무더워요. 극지방에서는 햇빛이 지표면을 비스듬히 내리쬐기 때문에 항상 춥답니다. 1년 365일 똑같은 기후인 것보다 봄, 여름, 가을, 겨울 계절의 변화가 있을 때 더 재미있는 일이 많지 않을까요?

☞ **더 알아보기** 20쪽을 읽어 보세요!

> **핵심 개념**
>
> **사계절**: 기후 변화에 따라 일 년을 봄, 여름, 가을, 겨울로 구분한 것
> **공전**: 천체가 다른 천체를 중심으로 한 바퀴 도는 현상

2장

와글와글 시끌벅적 과학은 어디에나 있어요!

"야! 그거 내 가위야!", "이그젝트? 이그젝틀리?" 오늘도 교실은 시끌벅적해요! 누구는 친구의 왼손잡이 가위를 처음 본다며 빌려 달라고 조르고, 누구는 영어 단어장을 들고 다니며 달달 외우고 있지요. 음악 시간에는 글쎄 한 친구가 코로 리코더를 부는 멋진 묘기를 보여 줬어요. 물론 선생님께 혼났지만요. 쉬는 시간에는 땅에 떨어진 빵을 3초 안에 먹어도 되는지 안 되는지로 열띤 토론도 벌였지요. 점심시간에는 브로콜리를 싫어하는 친구 덕에 네 개나 먹었고요. 이 맛있는 걸 왜 안 먹는지 정말 모르겠어요!

29 물에 젖은 교과서를 어떻게 말리면 좋을까?

교과서에 실수로 물을 쏟았다면? 서둘러 물을 닦고 책을 말려도 책은 쭈글쭈글해져요. 볼 때마다 속상할 거예요.

이럴 때 알아 두면 좋은 방법이 있어요. 바로 젖은 책을 그대로 냉동실에 넣는 방법이에요. 먼저 수건으로 책의 물을 어느 정도 닦아 낸 다음 냉동실에 젖은 책을 평평한 상태로 넣습니다. 반나절 이상 지난 다음 책을 꺼내어 그늘진 곳에서 말리면 책이 잘 말라서 원래 상태로 돌아올 거예요.

젖은 책이 원래대로 돌아오는 이유는 바로 물의 성질 때문이에요. 일반적인 물질들과 달리 물은 얼면 부피가 커지거든요. 액체 상태인 물질이 어는점을

핵심 개념
어는점 : 물질이 액체에서 고체로 변하는 온도
부피 : 물질이 차지하고 있는 공간의 크기

지나 고체 상태가 되면 가 작아져요. 하지만 물은 어는점을 지나 얼음이 되면 그 부피가 물일 때보다 더 커진답니다. 책에 스며든 물이 얼면서 물 분자 사이의 공간이 커지고, 그 사이로 종이 분자가 고르게 분포할 수 있게 됩니다. 다시 말해 책이 쭈글쭈글하지 않고 평평해진다는 말이지요.

빨래가 잘 마르는 조건

빨래가 마르는 것은 빨래에 있는 물이 증발하는 현상이에요. 증발은 물이 수증기로 변하여 공기 중으로 들어가는 것을 말하지요.

빨래가 잘 마르는 조건을 알아보려면 증발이 잘 일어나는 조건을 찾으면 돼요. 증발이 잘 일어나려면 일단 공기 중에 포함되어 있는 수증기가 적어야 해요. 공기 중에 수증기가 포함되어 있는 정도를 습도라고 합니다. 습도가 낮으면 공기 중에 수증기가 적으므로 증발이 잘 일어나요.

기온이 높을수록 공기가 포함할 수 있는 수증기량이 늘어나요. 그래서 기온이 높으면 증발이 잘 일어나지요. 그 밖에 바람이 불면 물 분자가 더 빠르게 공기 중으로 날아가 증발이 잘 일어나요. 또한 옷을 최대한 넓게 펼수록 즉 공기와 만나는 옷의 면적이 넓을수록 증발이 잘 일어나기도 해요.

그러므로 습도가 낮을수록, 기온이 높을수록, 바람이 불수록, 공기와 닿는 옷의 면적이 넓을수록 빨래가 잘 마른답니다.

30

안경을 쓰면 왜 더 잘 보일까?

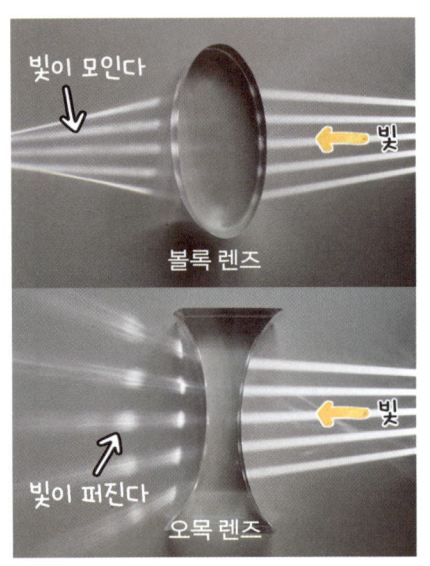

뒷자리에 앉았더니 칠판의 글씨가 잘 안 보인다고요? 그러면 안과에서 시력 검사를 받아야 해요. 가까이 있는 것은 잘 보이는데 멀리 있는 것이 잘 보이지 않는다면 **근시**일 수 있거든요.

근시는 우리 눈의 렌즈 역할을 하는 수정체의 조절력에 문제가 생긴 거예요. 물론 안경을 쓰면 근시를 교정할 수 있어요. 안경은 렌즈로 만들지요. 렌즈는 빛이 퍼지거나 모이도록 깎은 유리 혹은 플라스틱 재질의 투명한 물체예요. 렌즈에 빛을 통과시키면 빛이 퍼지거나 모이는데, 이는 빛이 다른 물질로 들어갈 때 꺾이는 굴절 현상 때문이에요. 렌즈를 통과하면서 빛이 꺾이게 되고 렌즈의 모양에 따라 빛이 퍼지거나 모인답니다.

근시를 교정하는 안경은 오목 렌즈로 만들어요. **오목 렌즈**는 가운데 부분의 두께가 가장자리보다 얇아서 가장자리 쪽에서 빛을 바깥쪽으로 퍼뜨리는 렌

핵심 개념

근시 : 멀리 있는 물체가 잘 보이지 않는 상태
오목 렌즈 : 가운데 부분의 두께가 가장자리보다 얇아 빛을 퍼뜨리는 렌즈
볼록 렌즈 : 가운데 부분의 두께가 가장자리보다 두꺼워 빛을 모으는 렌즈

즈예요. 멀리 있는 칠판이 잘 안 보일 때 오목 렌즈로 된 근시 안경을 쓰면 멀리 있는 칠판의 글씨도 잘 보인답니다.

근시와는 달리 멀리 있는 것은 잘 보이는데 가까이 있는 것이 잘 보이지 않는 경우도 있어요. 원시이지요. 원시 역시 수정체를 잘 조절하지 못해 생기는 문제랍니다. 주로 노인들에게 많이 나타나요. 원시를 교정하기 위해서는 **볼록 렌즈**를 사용해요. 볼록 렌즈는 가운데 부분보다 가장자리가 더 얇아요. 그래서 빛이 한곳으로 모여요. 볼록 렌즈로 만든 안경을 돋보기라고 해요. 볼록 렌즈는 할머니, 할아버지의 돋보기에만 쓰이는 것이 아니에요. 실험실에서 작은 물체를 관찰하는 현미경도, 공원에서 작은 곤충을 관찰할 때 쓰는 돋보기도 볼록 렌즈로 만들어요. 볼록 렌즈는 작은 물체를 크게 볼 수 있도록 하기도 하니까요.

 더 알아보기 26쪽을 읽어 보세요!

현미경의 발전

현미경은 사람 눈으로 잘 보이지 않는 작은 것을 크게 확대해서 보는 기구예요. 고대 이집트에서 유리로 만든 렌즈로 물체를 크게 확대해 본 것이 현미경의 시작이었습니다. 1590년 네덜란드의 안경 제작자 얀센이 대물렌즈와 접안렌즈로 만든 복합 현미경을 발명했어요. 10배 정도 확대해 볼 수 있었지요. 1665년에는 영국의 로버트 훅이 좀 더 성능이 좋은 현미경을 개발해 세포를 처음 관찰하는 데 성공했어요. 코르크를 현미경으로 관찰한 뒤, 작은 방처럼 생긴 것들을 '세포(cell)'라고 이름 지었답니다. 이후 1670년대 네덜란드의 레벤후크는 약 270배까지 확대해 볼 수 있는 현미경을 만들어 자신의 수염이나 입안을 관찰했다고 해요. 1931년이 되어서 유리 렌즈와 전자선을 이용한 전자 현미경이 발명되었어요. 전자 현미경으로 원자 크기의 물질도 볼 수 있어 유전자인 DNA 구조까지 볼 수 있게 되었답니다.

31 스피커는 교장 선생님 목소리를 어떻게 더 커지게 할까?

학교 조회 시간이면 넓은 운동장 곳곳에서 우렁차게 울리는 교장 선생님 목소리를 들을 수 있어요. 방송실에서 튼 음악을 교실에서도 선명하게 들을 수 있지요. 이럴 때 필요한 장치가 바로 스피커입니다.

스피커는 전기 신호를 공기의 진동인 소리로 바꿔서 우리 귀에 들리게 하는 장치예요. 진동을 조절해 소리를 더 크게 할 수도 있지요. 교장 선생님 목소리가 바로 옆에서 들리는 것처럼 말이에요.

스피커의 원리는 간단해요. 자석에 진동판과 돌돌 감은 코일을 연결하고 전기 신호를 흘려 주면 돼요. 코일은 에나멜 선을 고리 모양으로 여러 번 돌돌 말아 놓은 것을 말해요. 코일에 전기 회로를 연결하고 전류를 흘려 주면 마치 자석처럼 자기장을 만들어요. **전류**는 음전하(-)를 띤 입자가 흐르는 것이에요. 또 자석의 힘이 미치는 공간을 **자기장**이라고 하지요.

전류가 흐르면서 소리의 전기 신호가 코일로 들어오면 코일은 바깥에 있는

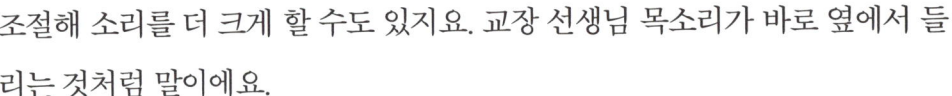

| 핵심 개념 |
전류 : 전기를 띤 입자인 전자의 흐름
자기장 : 자석의 힘이 미치는 공간

자석과 서로 영향을 주고받아 움직여요. 코일이 움직여 스피커 판을 진동시키고, 이 진동이 공기로 퍼져 나가 우리가 듣는 소리가 되는 거예요. 교장 선생님이 사용하는 마이크는 그와는 반대로 소리를 전기 신호로 바꾸어 주는 장치랍니다. 그래서 교장 선생님께서 전교생에게 말씀하실 때는 마이크와 스피커, 둘 다 필요해요.

 ### 우리를 보호해 주는 지자기

막대자석 주변에 철 가루를 뿌려 놓으면 일정한 방향으로 철 가루가 늘어서는 것을 볼 수 있어요. 철 가루가 늘어선 것은 막대자석 주변에 자석의 힘이 미치는 공간인 자기장이 있기 때문이지요.

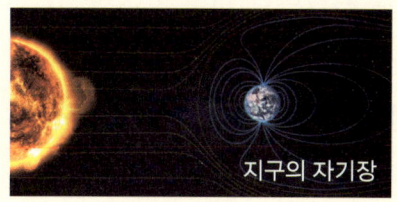

지구의 자기장

놀랍게도 지구 주변에도 마치 커다란 막대자석이 들어 있는 것과 같은 자기장이 나타나요. 지구가 만드는 자기장을 지자기 혹은 지구 자기라 한답니다. 지구에 자기장이 나타나는 이유는 지구 내부에 액체 상태의 금속으로 이루어진 외핵이 회전하기 때문이에요. 지구가 자전할 때 외핵이 회전하며 만드는 전류가 자기장을 만들지요. 지구 자기의 북극이 때때로 변하는 이유도 외핵이 회전하기 때문이에요.

지자기는 우리를 보호하는 보호막 역할을 해요. 지자기 덕분에 우주로부터 날아드는 해로운 방사선이 지표면으로 들어오지 못하거든요. 또 태양으로부터 날아드는 태양풍을 막아 주는 역할도 해요. 태양풍이 지구로 들어오면 전파 장애가 나타나 통신과 방송에 영향을 줘요. 하지만 태양풍이 지자기와 만나 색을 내는 덕분에 극지방에서는 아름다운 오로라를 관측할 수도 있지요.

오로라

32 컴퓨터는 어떻게 작동하는 걸까?

컴퓨터실에 가면 컴퓨터로 원하는 정보를 찾거나 프로그램을 만들 수 있어요. 교실 선생님 자리에도 컴퓨터가 있어요. 메일을 보내고 문서를 작성하거나 정보를 검색하는 다양한 일을 컴퓨터로 하지요. 현대인에게 없어서는 안 될 필수품, 컴퓨터가 어떻게 작동하는지 알아볼까요?

전자 회로인 **컴퓨터**를 켜려면 전기가 필요해요. 전원 장치에 연결하고 전원 버튼을 누르면 컴퓨터 안의 부품들이 작동하기 시작해요. 가장 먼저 작동하는 것은 컴퓨터를 작동시키는 기본 프로그램인 운영 체제 소프트웨어예요. 윈도우, 맥 OS, 리눅스는 운영 체제의 이름들이에요. 이제 명령을 입력해 볼까

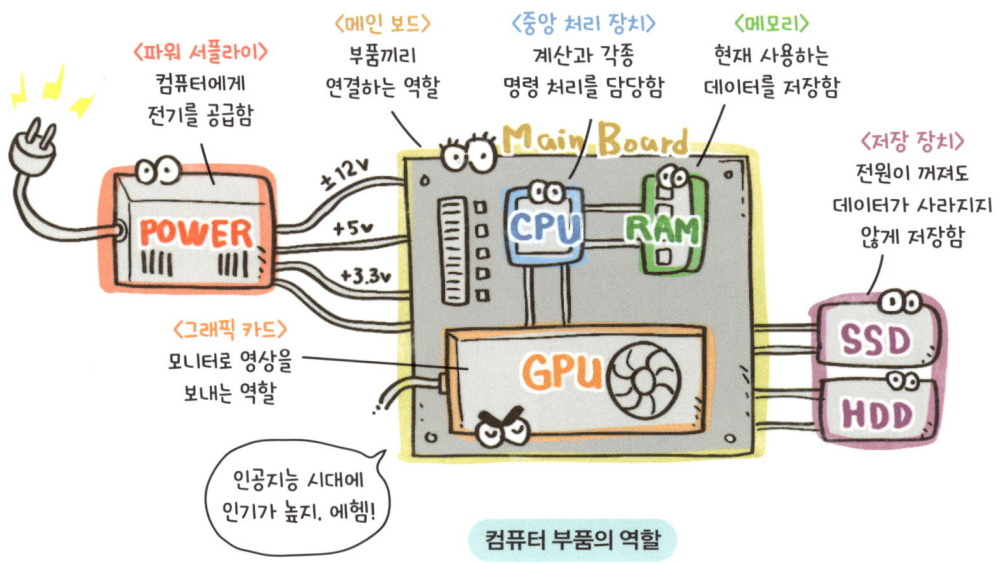

컴퓨터 부품의 역할

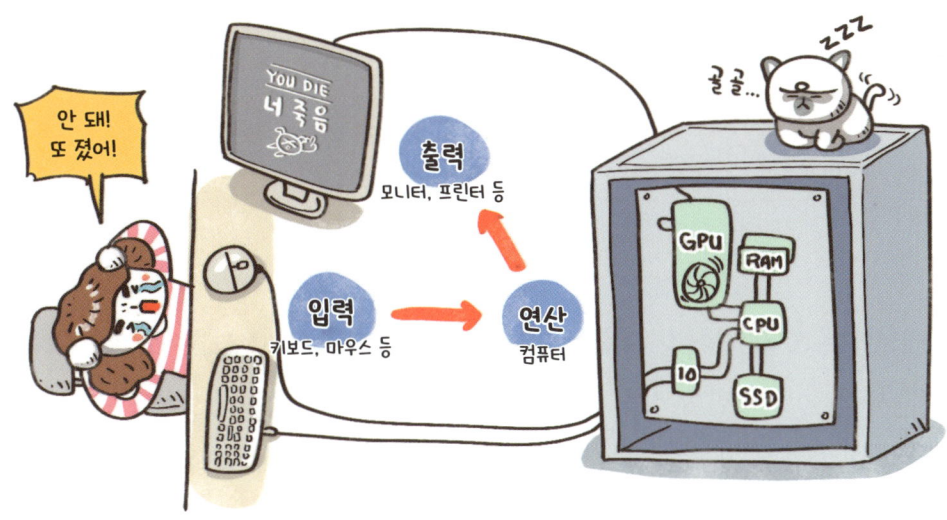

요? 어려운 컴퓨터 언어를 입력하지 않아도 돼요. 간단하게 프로그램 모양의 아이콘을 마우스로 클릭하거나, 키보드로 명령을 입력하면 돼요.

문서를 작성하거나, 게임을 하거나, 인터넷을 하는 일은 **중앙 처리 장치**가 처리해요. 중앙 처리 장치는 컴퓨터의 두뇌가 되는 부분으로 우리가 입력한 명령을 실행하는 역할을 해요. 필요한 작업은 프로그램을 통해 이루어지고 실행한 명령을 보여 주기 위해서는 모니터가 필요하답니다. 어떤 작업이 진행되는지 우리가 눈으로 볼 수 있어요.

이때 작업을 빠르게 처리할 수 있도록 데이터를 저장하는 메모리(RAM, 램)가 필요해요. 메모리는 빠른 작업 처리를 위해 잠시 데이터를 저장하고, 만들어진 문서를 계속 저장할 때는 주로 하드 디스크(HDD)를 사용한답니다.

> **핵심 개념**
> **컴퓨터** : 전자 회로로 논리적인 언어를 이용해 다양한 계산을 해 주는 기계
> **중앙 처리 장치** : 명령어를 해석하여 계산을 실행하는 컴퓨터의 주요 장치

33 인터넷은 어떻게 그 많은 컴퓨터를 다 연결할 수 있을까?

옛날에는 멀리 떨어진 사람들끼리 정보를 주고받으려면 편지를 써서 보내거나 사람을 보내 말을 직접 전해야 했지요. 긴급한 소식은 산 위에서 봉화를 피우거나 나팔 소리로 알리기도 했어요. 요즘은 컴퓨터에서 웹 브라우저를 열어 인터넷에서 정보를 찾지요. **인터넷**은 세계에서 가장 큰 컴퓨터 네트워크, 즉 가장 많은 컴퓨터가 연결된 망이기 때문이에요.

인터넷은 미국 국방부 통신망인 아파넷(ARPANET)에서 시작되었어요. 뒤이어 데이터를 전송할 수 있도록 도와주는 기술, 기본 통신 규칙, 각 컴퓨터의 주소가 개발되었지요. 통신을 위한 케이블, 위성 통신 기술이 발달하며 전 세계에 떨어져 있는 서로 다른 컴퓨터 통신망이 연결되는 인터넷이 시작된 거예요. 그리고 유럽 입자 물리 연구소에서 많은 정보를 편리하게 주고받기 위해 **월드 와이드 웹**(WWW, World Wide Web)을 개발했답니다. 덕분에 웹사이트를 방문하고, 정보를 검색하고, 영상을 보는 활동을 더 쉽고 편리하게 할 수 있게 되었어요.

> **핵심 개념**
> **인터넷**: 세계에서 가장 큰 컴퓨터 네트워크
> **월드 와이드 웹(WWW)**: 인터넷에서 정보를 쉽게 주고받을 수 있도록 고안된 인터넷 망

34 컴퓨터에게 어떻게 일을 시킬까?

컴퓨터에 어떤 일을 실행하게 하려면 마우스 커서로 간단한 아이콘만 클릭하면 돼요. 하지만 더 전문적인 일을 실행시키기 위해서는 직접 **명령어**를 입력해야 해요. 우리가 사용하는 언어가 아닌 컴퓨터의 언어로 말이지요.

컴퓨터에 명령을 내릴 수 있는 언어를 프로그래밍 언어라고 해요. 프로그래밍 언어에는 C 언어, 자바 스크립트, 파이썬 같은 여러 가지 언어가 있어요. 하나의 동작을 실행하려면 프로그래밍 언어로 명령어들을 논리 체계에 맞추어 배열해야 해요. 논리 체계에 맞게 명령어를 입력하면 컴퓨터 안에서 그 명령을 번역하고 이해해서 명령을 수행해요. 화면에 숫자 '1'을 띄워 보여 주는 것부터 복잡한 계산까지 말이지요. 재미있는 것은, 컴퓨터는 명령어를 비롯한 모든 정보를 0과 1로 인식한다는 거예요. 이러한 방식을 **디지털**이라고 합니다. 아날로그시계의 초침이 연속적으로 돌아가는 것과 달리 디지털시계는 똑 떨어지는 숫자로 시간을 보여 주는 것과 같아요. 컴퓨터도 정보를 연속적이지 않은 똑 떨어지는 숫자 0과 1로 구분해서 처리한답니다.

> **핵심 개념**
> **명령어** : 컴퓨터를 실행할 수 있는 프로그래밍 언어의 최소 단위
> **디지털** : 정보를 0과 1로 표시하는 방식

최초의 프로그래머, 에이다 러브레이스

프로그래머는 컴퓨터 프로그램을 설계하는 사람이에요. 프로그래밍 언어로 컴퓨터가 작업할 수 있도록 명령하지요. 이런 프로그래밍 개념을 최초로 개발한 사람이 에이다 러브레이스입니다.

최초의 프로그래머인 에이다 러브레이스(1815~1852년)는 영국 시인 바이런의 딸이에요. 수학자가 된 그녀는 케임브리지 대학 수학 교수인 찰스 배비지의 연구에 관심이 깊었어요. 찰스 배비지는 해석 기관을 설계하고 있었지요. 해석 기관은 컴퓨터의 시초라 할 수 있는 모든 종류의 계산을 하는 기계식 계산기를 말해요.

에이다 러브레이스는 해석 기관이 잘 작동될 수 있도록 도왔어요. 프로그래밍 개념과 알고리즘을 이용해서요. 조건을 만족하면 같은 계산이 반복되도록 하는 '루프(loop)', 조건식이 달린 구문인 '이프(if)' 같은 요소도 만들었답니다. 하지만 안타깝게도 해석 기관은 기술 문제로 완성하지 못했어요. 그로부터 100여 년이 지나 전자식 컴퓨터가 개발되면서 에이다 러브레이스의 프로그래밍 요소들이 쓰였어요. 1970년대에 미국 국방부는 그녀의 업적을 기리며 새로 개발한 프로그래밍 언어에 '에이다'라는 이름을 붙였답니다.

35 형광펜으로 그은 밑줄은 왜 어둠 속에서 안 보일까?

수업 시간에 중요한 내용이 나오면 교과서에서 관련 부분을 찾아 밑줄을 치곤 해요. 그런데 밑줄로는 아쉬울 때가 있어요. 조금 더 강조하고 싶을 때 분홍, 파랑, 연두, 노랑 등 형광펜으로 칠해 한눈에 잘 보이도록 하지요. 그런데 형광펜에 이상한 점이 있어요. 형광펜으로 칠했는데도 어두운 곳에서는 잘 보이지 않으니까요. 형광펜이니까 야광 팔찌처럼 밤에도 빛을 낼 수 있을 거라 생각했는데 말이지요.

형광펜의 잉크는 왜 어둠 속에서 빛을 내지 않을까요?

형광은 빛이 있는 동안에만 방출되는 빛이에요. 형광 물질은 빛을 받으면 에너지를 흡수하지만, 불안정하기 때문에 곧 빛을 다시 방출한답니다. 이때 흡수한 에너지 중 특정 에너지(가시광선)를 방출하기 때문에 처음과는 달리 알록달록 예쁜 빛을 내지요.

반면에 형광펜과 달리 빛이 사라

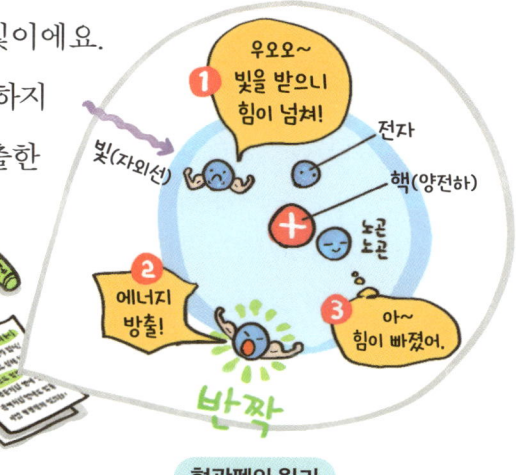

형광펜의 원리

| 핵심 개념 |

형광: 주변의 빛 에너지를 흡수해 다른 빛으로 내놓아 밝게 보이는 현상
야광: 밝을 때 빛 에너지를 흡수했다가 어두울 때 빛을 내는 현상

신 어둠 속에서도 빛을 내는 물질이 있어요. 어두운 곳에서 빛을 내는 **야광**, 다른 말로 인광이라고 해요. 밝은 빛을 모았다가 어두운 곳에서 빛을 내요. 이와 같은 인광의 성질을 가진 물질로는 보석뿐 아니라 인위적으로 합성한 물질도 있어요. 야광 팔찌도 이런 물질로 만드는데, 어둠이 계속되면 빛을 내지 못하고 꺼져 버린답니다.

 세상에서 가장 위험한 야광 시계

20세기 초 어둠 속에서도 빛을 내는 야광 물질은 시계의 바늘이나 숫자를 그리는 물감으로 쓰였어요. 문제는 그 야광 물질이 라듐이었다는 거예요.

라듐은 마리 퀴리가 발견한 방사성 물질이에요. 에너지를 만들고 암 치료에 쓰이지만, 아주 오랫동안 위험한 방사선을 뿜어내지요.

처음 라듐이 발견되었을 때 사람들은 방사성 물질의 위험성을 알지 못했어요. 어둠 속에서 초록빛을 내는 라듐으로 장난감을 만들고 시계에 숫자를 그려 넣었지요.

마리 퀴리

당시 공장에서는 어린 소녀들이 라듐 물감을 묻힌 붓을 입에 대어 뾰족하게 한 뒤 시계의 숫자를 그려 나갔어요. 입술에 묻은 라듐이 은은한 빛을 내는 게 얼마나 위험한 일인지도 모르고 말이지요. 심지어 라듐이 암세포를 없앤다는 사실이 밝혀졌을 때는 우유나 치약에 넣어 팔기까지 했답니다. 하지만 얼마 지나지 않아 라듐으로 작업하던 많은 소녀가 암으로 세상을 뜨자 라듐의 위험성이 밝혀졌어요. 오랫동안 라듐을 연구하고 전쟁터에서 사람을 살리고자 엑스선 찍는 일을 계속했던 마리 퀴리도 방사선에 오래 노출되어 안타깝게 사망했지요. 라듐을 함께 연구한 퀴리 부부의 관은 방사선이 새어 나오지 않도록 특수한 관으로 만들었어요. 그 뒤로 라듐과 같은 방사성 물질은 암 치료처럼 꼭 필요한 곳에만 쓰이고 있어요. 엑스선 촬영을 할 때도 방사선을 막는 방호복을 입기 시작했지요.

36 포스트잇은 어떻게 붙였다가 흔적 없이 뗄 수 있을까?

공부할 때 포스트잇을 활용하면 좋아요. 붙였다가 떼어도 자국이 남지 않고, 종이도 찢어지지 않으니까요. 친구에게 가볍게 쪽지를 보낼 때도 좋아요. 포스트잇에 쓰고 싶은 말을 쓰고 친구의 책상에 붙여 놓으면 되지요. 엄마가 간단히 메모를 남기기도 좋아요. "엄마가 회사에서 늦게 오는 날이니, 냉장고에서 딸기 꺼내 먹으렴!" 또는 "오늘 우산 가져가는 것 잊지 마!" 하고 현관문에 붙여 놓을 수도 있어요.

이렇게 유용한 포스트잇이 실수로 만들어졌다는 사실을 알고 있나요? 1970년대 미국 접착제 회사인 3M의 연구원이던 스펜서 실버는 더 강력한 접착제를 만들기 위해 연구했어요. 하지만 스펜서가 개발한 접착제는 잘 붙지만 쉽게 떨어져서 강력한 접착제로는 실패였어요. 하지만 흔적 없이 떨어진다는 장점 때문에 굉장한 발명품이 되었지요.

접착제로 물체들이 달라붙을 수 있는 이유는 물질을 이루는 분자 사이에 작용하는 **힘** 때문이랍니다. 분자는 물질의 성질을 지닌 가장 작은 입자예요. 아무리 매끈한 표면도 현미경으로 크게 확대해 보면 울퉁불퉁한데, 접착제를 바르면 접착제가 이 울퉁불퉁한 곳을 메꾼답니다. 접착제 분자와 표면 사이에 틈이 없어져 서로 강하게 끌어당기게 돼요. 이렇게 서로 끌어당기는 힘인 **인력** 덕분에 접착제는 표면에서 떨어지지 않고 꼭 붙을 수 있어요.

보통 접착테이프는 접착하는 분자의 크기가 0.1~0.2μm(마이크로미터) 정도로 아주 작아요. 이런 접착제가 연속적으로 칠해져 있어 한 번 붙으면 쉽게 떨어지지 않아요. 하지만 포스트잇은 접착 분자의 크기가 더 큰 25~45㎛(마이크로미터) 정도예요. 게다가 캡슐 형태로 접착면에 띄엄띄엄 칠해져 있어요. 포스트잇을 붙이는 순간 접착 분자의 작은 캡슐이 터지며 접착력이 생기는데 일반 접착제보다 입자가 커서 표면의 울퉁불퉁한 틈을 모두 메꾸지 못해요. 그래서 한 번 붙었다가도 쉽게 떨어진답니다.

> **핵심 개념**
> **힘** : 물체의 모양이나 운동 상태를 변화시키는 원인
> **인력** : 서로 잡아당기는 힘

37

지우개는 왜 지우개 가루를 남길까?

정답을 잘못 써서 지우개로 열심히 지워 본 적 있나요? 글짓기 숙제라면 지울 것이 많아서 힘이 들어요. 그리고 마치 때처럼 생긴 지우개 가루가 남는데, 이를 치우는 것도 귀찮은 일이에요. 지우개는 왜 가루를 남길까요?

먼저 연필은 흑연이라는 광물로 만들어요. 종이에 쓴 글씨는 종이에 달라붙은 흑연 가루이지요. 지우개는 종이 위에 쓰여진 흑연을 말랑말랑하게 만들어요. 그래야 종이 위에 달라붙어 있는 흑연 가루를 부드럽게 만들어서 밀어 낼 수 있거든요. 종이도 찢어지지 않지요. 이때 밀린 흑연 가루와 지우개 성분의 일부가 뭉쳐서 지우개 가루가 생기는 거예요.

전에는 지우개를 **고무**로 만들었어요. 하지만 아무리 깨끗이 지워도 글씨의 흔적이 남았고, 종이가 찢어지는 일도 많았답니다. 요즘 지우개는 **플라스틱**으로 만들어요. 플라스틱은 석유로 만든 물질이에요. 열이나 압력을 가해 모양을 다양하게 만들 수 있다는 특성이 있어요. 그래서 지우개 모양도 다양해요.

핵심 개념

고무 : 고무나무 껍질을 벗겨 내면 얻을 수 있는 끈적끈적한 수액
플라스틱 : 열이나 압력을 가해 모양을 만들 수 있는 석유 화합물

38. HB 연필과 2B 연필은 어떻게 다를까?

사각사각 연필로 글씨도 쓰고 그림도 그려요. 연필 가운데의 검은 연필심은 흑연으로 이루어져 있어요. 흑연은 **탄소**로만 이루어진 검은색의 무른 광물을 말해요. 탄소는 흑연이나 숯을 이루는 금속이 아닌 원소예요. **원소**는 물질을 이루는 기본 성분이랍니다.

다이아몬드

나도 같은 탄소 성분인데!

흑연은 탄소로만 이루어져 있는데, 흑연처럼 탄소로만 이루어진 물질로는 다이아몬드가 있어요. 검고 무른 흑연과 투명하고 단단한 다이아몬드가 같은 탄소로 이루어져 있다는 것이 믿기지 않는다고요? 흑연과 같은 탄소가 땅속 깊숙한 곳에서 아주 높은 열과 압력을 오랫동안 받아 만들어진 것이 다이아몬드랍니다.

우린 피라미드 구조로 단단히 결합되어 있어.

원소의 결합 구조에 따라서 아예 다른 물질이 돼!

우린 층 사이에 결합력이 약해서 잘 떨어져.

다이아몬드의 분자 결합 구조   흑연의 분자 결합 구조

흑연은 열이 잘 전달되고 전기가 통하는 도체예요. 건전지의 전극을 만들 때도 사용된답니다. 물론 우리에게 가장 익숙한 것은 연

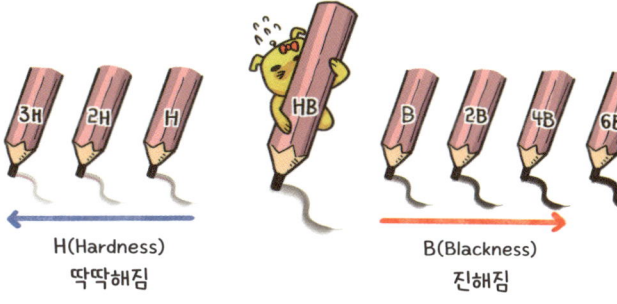

필심이에요. 연필심은 흑연과 점토를 섞어 구워 만들어요. 이때 흑연과 점토의 비율에 따라 다양한 연필을 만들 수 있어요.

연필 끝부분에 써 있는 HB, B, 2B, 4B 표시는 연필의 성질을 알려 줘요. 알파벳은 연필심의 종류를, 숫자는 그 종류의 강도를 나타냅니다. H는 단단한 정도(Hardness)를, B는 검은 정도(Blackness)를 나타내요. HB 연필은 적당히 단단하면서도 적당히 검은 연필로 필기할 때 써요. B, 2B, 4B, 6B 연필은 숫자가 클수록 연필심이 무르고 진한 것을 나타내요. 적당히 무르고 부드러운 2B 연필은 저학년 어린이가 쓰기 좋고, 4B 연필은 밑그림을 그리기 좋아요. H 연필은 흑연보다 점토의 비율이 더 높아 단단한 연필이에요. 이제 필요에 따라 적당한 연필을 골라 쓸 수 있겠지요?

탄소로만 이루어진 물질에 한 겹의 탄소로만 이루어진 그래핀이라는 신소재와 그래핀을 돌돌 말아 놓은 탄소 나노 튜브가 있어요. 두 가지 모두 탄성이 있고 매우 강하고 가벼워서 다양한 첨단 기술에 쓰여요.

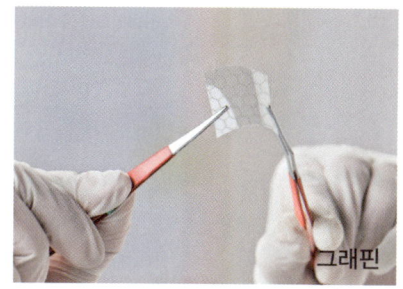

그래핀

> **핵심 개념**
> **탄소**: 흑연과 숯을 이루고 있는 금속이 아닌 원소
> **원소**: 물질을 이루는 기본 성분

39

왼손잡이는 왜 왼손 가위가 편할까?

가위는 교실에 꼭 필요한 도구예요. 색종이나 종이를 자를 때 칼보다 안전하니까요. 또 가위는 손쉽게 다른 물건을 잘 자를 수 있지요. 가위가 **지레**의 원리를 이용해 만들었기 때문이에요. 지레는 힘을 적게 들이고도 물체를 들어 올리는 도구이지요. 가위도 지레처럼 두 개의 가위 날이 물체에 닿는 작용점, 두 가위 날을 교차시켜 주는 받침점, 그리고 가위에 손가락을 넣고 직접 힘을 가해 움직이는 힘점, 세 부분으로 이루

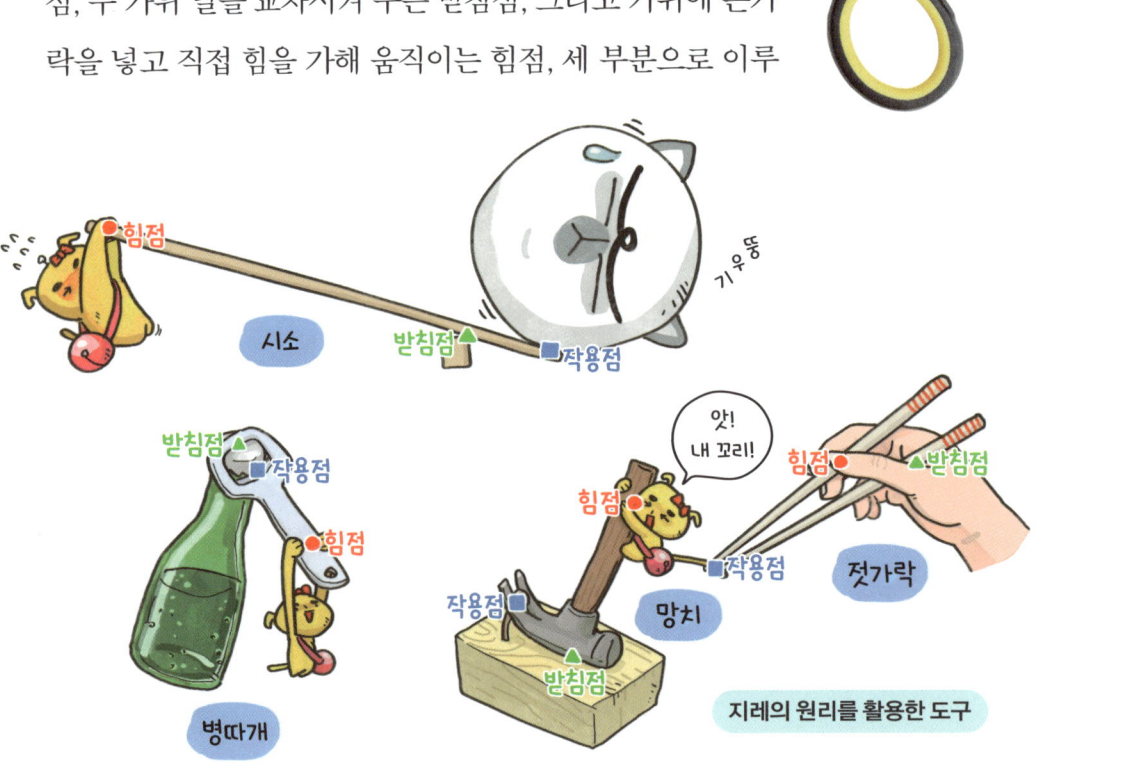

지레의 원리를 활용한 도구

어져 있어요. 작용점, 받침점, 힘점은 **지레의 3요소**랍니다.

그런데 가위마다 손잡이 모양이 조금씩 다르다는 사실을 알고 있나요? 손잡이가 똑같은 크기인 가위도 있고, 엄지를 넣는 손잡이가 더 작은 가위도 있어요. 오른손 가위와 왼손 가위로도 나뉩니다. 가위 날이 겹치는 방향이 반대로 되어 있지요.

손바닥을 펴 보면 엄지손가락이 비스듬히 나 있지요? 그래서 오른손과 왼손이 힘이 작용하는 방향이 달라요. 오른손 가위는 오른손으로 자를 때 양쪽 가위 날의 끝이 맞닿도록 설계되어 있어요. 왼손으로 오른손 가위를 쓰면 양쪽 가위 날의 끝이 조금 벌어져 손에 힘을 더 주어야 하지요. 또한 자를 때 잘리는 면이 잘 보이도록 가위의 안쪽 날이 아래로 맞물린답니다. 오른손잡이는 오른손 가위를 쓸 때 편하고, 왼손잡이는 왼손 가위를 쓸 때 편하니 내게 맞는 가위를 골라 쓰는 것이 좋아요.

더 알아보기 119쪽을 읽어 보세요!

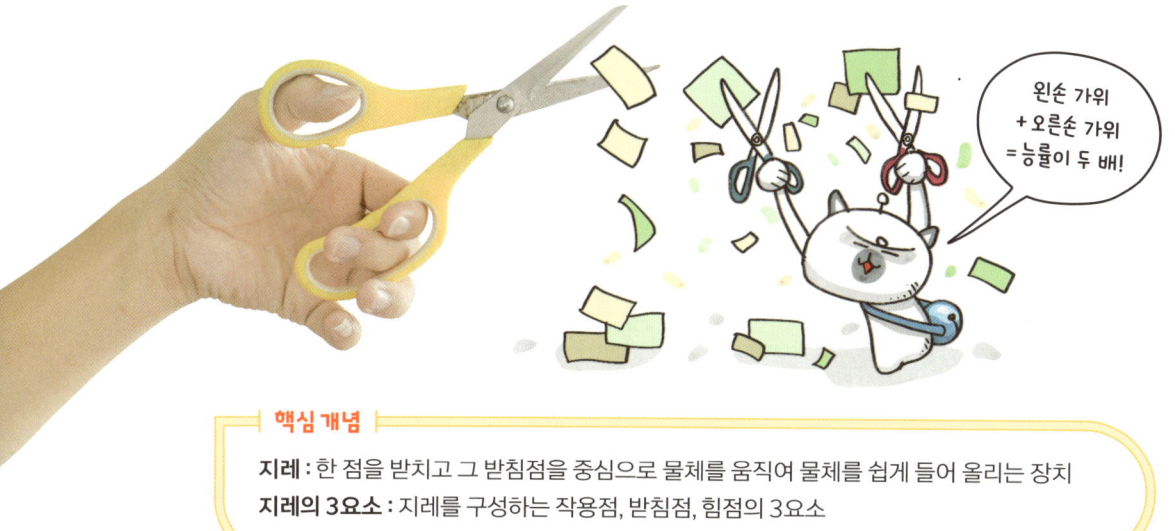

핵심 개념
지레 : 한 점을 받치고 그 받침점을 중심으로 물체를 움직여 물체를 쉽게 들어 올리는 장치
지레의 3요소 : 지레를 구성하는 작용점, 받침점, 힘점의 3요소

가위를 만들어 보자!

준비물 : 플라스틱 자 2개, A4 용지, 테이프

실험 방법

① 종이를 책상 바깥으로 나오도록 둔다.
② 두 자의 날이 맞물리게 두고, 두 자가 만나는 한쪽 끝을 잡아 테이프로 고정한다.
③ 두 손으로 자를 움직여 종이를 잘라 본다.
④ 자로 만든 가위 날의 길이를 짧게 하거나 길게 해 종이를 잘라 본다.
⑤ 가위의 받침점과 작용점을 확인한다.

실험 결과

지렛대의 원리 덕분에 자로 만든 가위로 종이가 쉽게 잘린다. 자로 만든 가위의 어느 부분에 힘점이 작용하는지 생각하면서 다시 잘라 본다.

40 모네의 그림은 왜 멀리 떨어져서 봐야 할까?

〈건초 더미〉(클로드 모네, 1885년)

19세기 프랑스 화가인 모네는 빛에 따라 변하는 사물의 모습에 관심을 기울였어요. 모네는 들판에 쌓인 건초 더미가 시시각각 달라지는 햇살에 따라 달라 보이는 모습을 그려 25점의 '건초 더미 연작 시리즈'를 완성했지요. 모네는 사물을 비추는 빛과 그림자를 그렸고, 이처럼 시시각각 달라지는 빛의 인상에 따라 그림을 그리는 화가들을 인상주의 화가라 불러요.

모네는 물감을 섞어 쓰는 대신 그림에 짧은 붓 터치로 다른 색을 칠했어요. 서로 다른 색이 섞여 보이도록 한 거예요. 가까이 보면 모두 다른 색의 점들이 그려져 있지만, 멀리서 보면 섞여 있는 하나의 색으로 보이지요. 이러한 방법을 병치 혼합이라고 해요. 모네의 그림을 멀리서 봐야 하는 이유예요.

각각 다르게 칠한 색들이 멀리서 보면 하나의 색으로 보이는 현상은 색팽이를 돌려 보

눈을 가늘게 뜨고 보자.

흐음….

> **핵심 개념**
>
> **색의 삼원색**: 자홍색, 청록색, 노란색으로, 다른 색의 기본이 되는 색
> **착시**: 뇌가 착각을 일으켜 시각 정보를 잘못 해석하는 현상

먼 알 수 있어요. 동그란 종이를 삼등분한 다음 자홍색, 청록색, 노란색을 칠해요. 이 세 가지 색이 **색의 삼원색**입니다. 종이 가운데에 실을 꿰어 매달면 색팽이 완성이에요. 색팽이를 돌리면 세 가지 색이 섞여 색인 검은색으로 보인답니다. 이렇게 색이 섞여 보이는 것은 뇌의 착시 현상 때문이에요. 처음 본 색 위에 다른 색이 겹쳐 보이면서, 세 가지 색이 섞여 만들어진 색팽이로 착각하게 되는 거예요. 이처럼 뇌가 착각을 일으켜 시각 정보를 잘못 해석하는 것을 **착시**라고 해요. 모네의 그림도 마찬가지랍니다. 뇌가 착각을 일으켜 주변에 같이 있는 색을 섞어 한 가지 색으로 보이게 하는 거지요.

빛의 삼원색, RGB

빛의 삼원색은 빨간색, 초록색, 파란색이에요. 이 중 빨간색과 초록색을 섞으면 노란색, 빨간색과 파란색을 섞으면 청록색, 파란색과 초록색을 섞으면 청록색이 돼요. 그리고 이 세 가지 색을 모두 합치면 흰색(흰빛)이 되지요. 이 빛의 삼원색을 RGB라고도 해요. Red(빨간색), Green(초록색), Blue(파란색)를 합쳐 부르는 말이지요.

우리 눈은 이 빛의 삼원색을 각각 따로 받아들인 다음 뇌에서 적절히 혼합해 물체를 봅니다. 컴퓨터 모니터나 TV에서도 이러한 방식으로 다채로운 색을 보여 주지요.

옛날에 쓰던 브라운관 TV나 구형 모니터 화면을 가까이서 자세히 들여다보면 무수히 많은 빨강, 초록, 파랑의 색 조각으로 이루어져 있는 것을 볼 수 있어요. 바로 빨간색, 초록색, 파란색으로 나누어진 정보를 컴퓨터가 인식한 다음, RGB를 기본으로 하여 모든 색을 나타내도록 한 거예요.

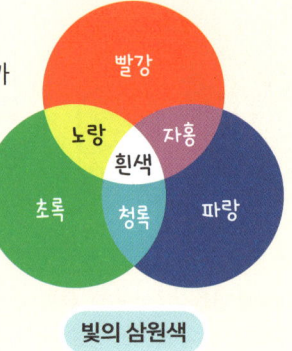

빛의 삼원색

41 리코더를 불 때 구멍을 열수록 왜 높은음이 날까?

리코더에 입을 대고 숨을 일정하게 불어 넣으면 소리가 나요. 소리는 공기의 진동이 물결처럼 퍼져 나가는 파동입니다. **파동**은 한 부분에서 생긴 진동이 퍼져 나가는 것을 말해요. 리코더에 들어간 공기는 리코더 안에 갇혀 일정한 파동을 만들고, 이 파동이 제자리에서 떨리면서 음을 내지요.

이때 모든 구멍을 손가락으로 막으면 리코더 안의 공기 기둥이 길어지면서 파장도 길어져요. **파장**은 같은 모양이 반복되는

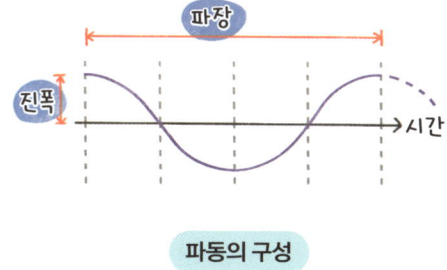

파동의 구성

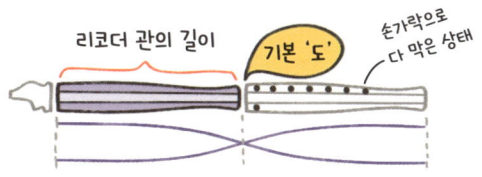

기본 '도' 파장의 길이 = 리코더 관의 길이 × 2

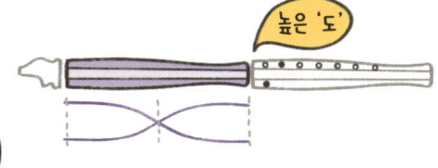

높은 '도' 파장의 길이 = 리코더 관의 길이

공기 기둥의 길이와 파장의 관계

옥타브가 오를 때마다 진동수는 2배씩 오르고 파장의 길이는 $\frac{1}{2}$씩 줄어.

핵심 개념
파동 : 한 부분에서 생긴 진동이 퍼져 나가는 현상
파장 : 같은 모양이 반복되는 파동의 최소 길이

최소 길이를 말해요. 공기 기둥이 길면 진동을 적게 해서 낮은음이 나지요.

반대로 아래쪽 구멍부터 하나씩 열 때마다 공기 기둥의 길이가 점점 짧아져요. 공기 기둥이 짧아지면 진동을 많이 해서 높은음이 납니다. 소리를 내는 공기 기둥의 길이는 손가락으로 막은 마지막 구멍까지니까요. 이처럼 특정 구멍을 막거나 반쯤 열면서 공기 기둥의 길이를 조절해 더 높은음을 내는 거랍니다.

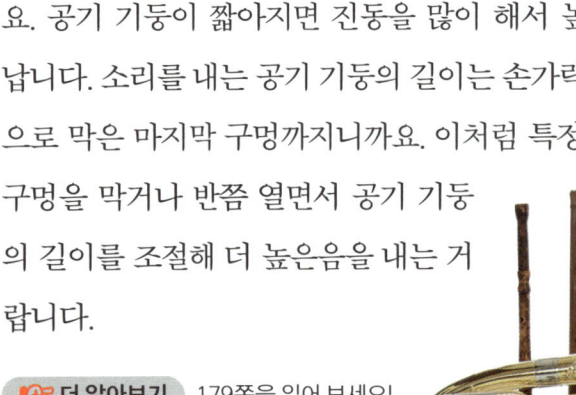

 더 알아보기 179쪽을 읽어 보세요!

콘서트홀 음향의 비밀

'무대가 잘 보일까?', '음향이 잘 들릴까?'

콘서트홀에서 어느 자리에 앉을지 고를 때에는 이 두 가지 문제를 고려해야 해요. 연주회라면 음향, 즉 소리와 울림이 잘 느껴지는 자리가 좋지요.

악기나 성악가가 내는 소리는 물결처럼 퍼져 나가는 파동이에요. 파동은 물체에 부딪치면 방향을 바꾸어 반사해 나가고, 시간이 지나면 사라져요. 이때 반사된 음향과 여운을 남기는 잔향까지 고려해 콘서트홀을 설계해요. 벽과 천장이 없어 반사할 곳이 없는 야외 콘서트홀에서는 둥근 벽을 무대 뒤쪽에 설치해요. 음향이 반사되어 울리거든요. 콘서트홀 자체도 커다란 악기인 셈이지요. 이렇게 설계해도 벽에 반사된 파동끼리 부딪쳐 소리가 상쇄되는(없어지는) 자리가 있어요. 또 파동끼리 보강되어 소리가 크게 울리는 자리도 있지요. 그래서 음악을 좋아하는 사람들은 공연장에서 자리를 고를 때 음향이 얼마나 균형을 이루고 있는지까지 고려하여 선택한답니다.

42 명화 속에 숨겨진 비밀을 어떻게 알아낼 수 있을까?

교과서에 나오는 명화는 그린 지 수백 년이 넘은 그림이 많아요. 비교적 그림에 대한 설명이 자세히 남아 있는 그림도 있지만, 그렇지 않은 그림도 많지요.

레오나르도 다빈치의 〈모나리자〉도 마찬가지예요. 16세기경에 그려졌을 거라 추정되는 이 그림은 매우 유명한 초상화예요. 하지만 모델이 누구인지, 언제 그려진 그림인지에 대해서 정확히 알려진 바가 없어요. 이 그림이 유명한 이유 중 하나는 어디서 보건 그림 속 인물과 눈을 맞출 수 있는 시선 표현과 오묘한 미소예요. 입술 주변의 테두리를 명확히 그리지 않는 대신 원근감(멀고 가까운 거리에 대한 느낌)과 공간감을 잘 나타낼 수 있도록 그렸지요. 비슷하게 그린 다른 그림에 비해서도 모나리자의 미소는 유독 신비로워요.

〈모나리자〉
(레오나르도 다빈치, 1503~1506년)

똑바로 그려! 나중에 X-Ray로 투시해 볼 거야.

다행히 오래된 그림에 대한 비밀이 하나씩 밝혀지고 있어요. 그림을 훼손하지 않고도 칠해진 그림 밑에 그려진 밑그림을 꿰뚫어 볼 수 있는 다양한 방법을 개발했기 때문

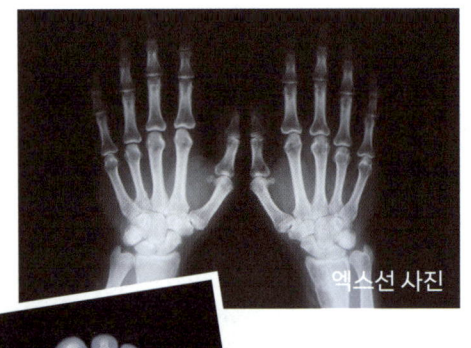
엑스선 사진

이에요. 엑스선을 활용하는 형광 엑스선 분광법도 그중 하나랍니다. **엑스선**은 독일의 물리학자 뢴트겐이 발견한 **방사선**이에요. 발견했을 때 성질이 알려지지 않은 빛이어서 이름을 엑스(X)선이라 지었지요.

엑스선은 파장이 짧고 투과력이 세서 우리 몸을 꿰뚫어 뼈를 볼 수 있게 하지요. 병원에서 엑스레이를 찍을 때 이용해요. 하지만 엑스선은 우리 몸에 해로울 수 있는 방사선의 일종이므로, 엑스선을 쓸 때는 필요한 만큼만 안전하게 사용하고 있어요.

미술계에서는 이러한 엑스선을 이용해 칠해진 그림 밑에 어떤 그림이 있는지 알 수 있어요. 투과력이 좋은 엑스선은 그림을 손상하지 않고도 그 밑의 그림을 알아낼 수 있으니까요. 모나리자 그림에 형광 엑스선을 투과시켜 본 결과, 모나리자의 입 모양을 30겹이나 겹쳐 그렸다는 것이 밝혀졌어요. 그것도 머리카락 두께의 절반 정도로 얇게 말이지요. 30번이나 정성 들여 겹쳐 그려진 그림이어서 그럴까요? 모나리자의 미소는 흔히 볼 수 없는 신비로운 미소로 느껴진답니다.

핵심 개념

엑스선 : 우리 눈에 보이지 않는 방사선으로 물질을 투과하는 성질을 지님
방사선 : 불안정한 상태의 방사성 원소가 안정한 상태로 바뀌면서 내는 입자나 빛. 알파선, 베타선, 감마선, 엑스선, 중성자선이 있다.

43 영어 단어를 잊어버리지 않으려면 어떻게 해야 할까?

공부하는 방법은 과목마다 달라요. 교과서를 꼼꼼히 읽어야 하는 과목도 있고, 수학처럼 개념을 이해하고 문제를 많이 풀어야 하는 과목도 있어요. 새로 알게 된 영어 단어나 지식을 외워야 하기도 한답니다. 물론 암기하는 일이 쉽지는 않아요. 며칠 전에 외운 내용인데 기억이 안 날 때도 많지요.

우리 뇌에는 1,000억 개 이상의 뉴런이 있어요. **뉴런**은 신경 세포의 기본 단위랍니다. 어떤 정보가 뇌로 들어오면 뉴런과 뉴런이 새로 연결되어 **시냅스**를

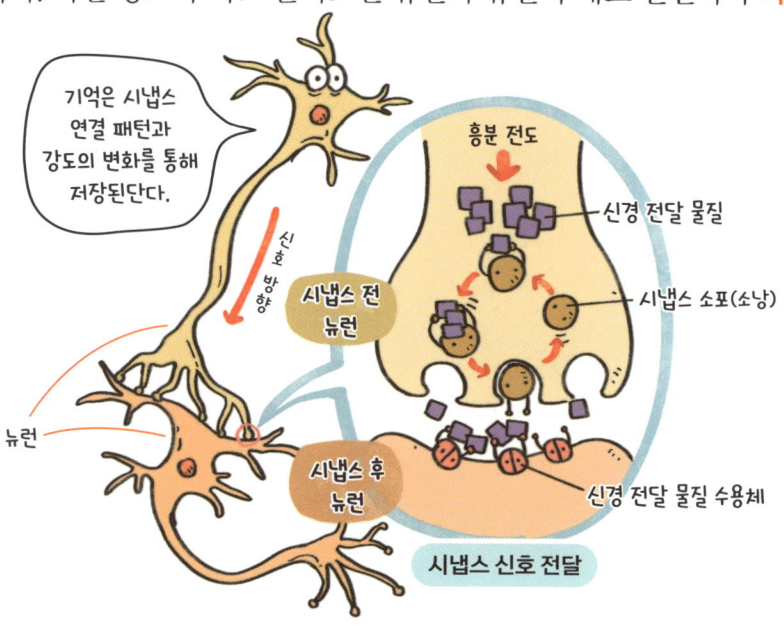

핵심 개념
- **뉴런** : 신경 세포의 기본 단위
- **시냅스** : 뉴런과 뉴런이 연결되는 부분

만들며 기억을 만들어요. 우리 몸의 소뇌와 우뇌에 한 쌍씩 있는 해마는 학습과 기억을 담당하는 부분이에요. 해마에서도 시냅스를 새로 연결하며 기억을 만든답니다. 이때 오래 기억하지 않을 단기 기억과 오랫동안 기억할 장기 기억으로 구분하는데, 장기 기억이 되기 위해서는 해마에 반복적으로 자극을 주어야 해요. 그래서 영어 단어나 새로 배운 내용을 잊지 않고 오래 기억하려면 여러 번 반복해야 하는 거예요. 기존에 연결된 시냅스를 강화하는 것이지요. 반복을 통해 시냅스 연결이 강해지면 '1+1=2'라는 사실을 따로 계산하지 않아도 기억 속에서 바로 떠오를 수 있게 됩니다. 복습하라는 잔소리 같지요? 하지만 어쩔 수 없어요. 복습과 반복 학습은 중요하니까요.

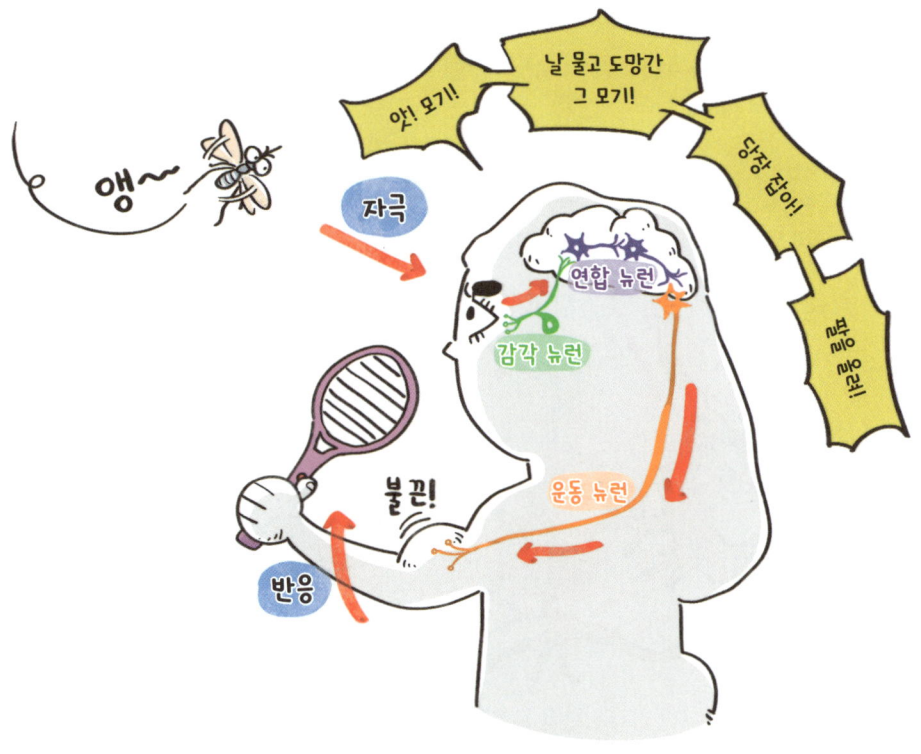

뉴런의 종류와 반응 순서

44 우리가 매일 먹는 쌀은 어디서 왔을까?

우리가 밥을 지어 먹는 쌀은 벼의 열매예요. 벼꽃이 지고 나면 열리는 열매지요. 벼는 **외떡잎식물**로 좁고 길쭉한 잎과 수염뿌리를 가졌어요. 또 가느다란 줄기에 **관다발**이 불규칙하게 흩어져 있는 특징을 지니고 있지요. 외떡잎식물에는 벼, 옥수수, 수수 등이 있어요. 그런데 벼를 기르는 벼농사는 다른 작물을 얻는 농사법과는 달라요. 벼는 밭이 아닌 물이 차 있는 논에서 키웁니다. 벼는 왜 논에 심냐고요? 벼는 물이 풍부한 환경에서 잘 자라기 때문이에요. 물에서 키우면 잡초가 덜 자라기도 하지요.

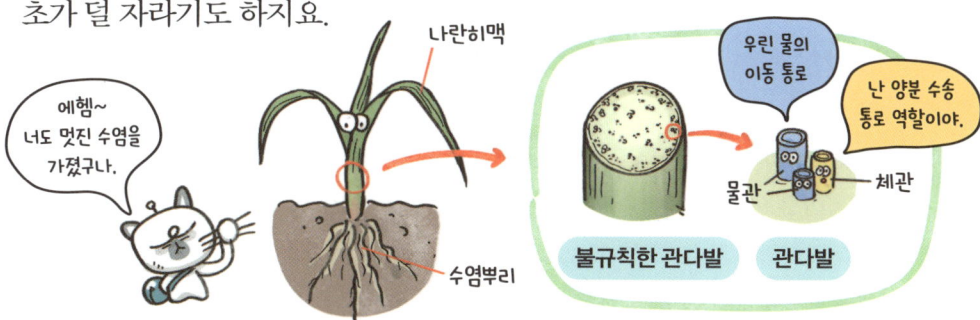

> **핵심 개념**
> **외떡잎식물**: 떡잎이 하나만 나며 잎이 좁고 길쭉하며 관다발이 불규칙하고 수염뿌리를 가진 식물
> **관다발**: 식물에서 물과 양분이 이동하는 통로
> **모내기**: 볍씨를 모판에 뿌려 모를 키운 후 논으로 옮겨 심는 방법

쌀은 우리나라뿐 아니라 아시아 사람들의 주식이 되는 작물이에요. 그래서 더 많은 쌀을 수확할 수 있는 벼농사 방법을 찾는 일은 매우 중요하답니다. 우리나라에서는 더 많은 쌀을 수확하기 위해 모내기를 해요. **모내기**는 처음에 볍씨를 논에 심지 않고 모판에 심었다가 논으로 옮겨 심는 방법이에요. 모판은 볍씨가 40~50일 정도 지나 싹이 난 모가 될 때까지 기르는 자리를 말해요. 이렇게 모판의 모를 논으로 옮겨 심는 것을 모내기라 하고, 이러한 농사법을 이앙법이라 합니다.

모내기를 마치고 나면 어린 모는 벼로 성장해요. 벼가 잘 자랄 수 있도록 거름을 주고 잡초를 뽑고, 해충을 막으며 정성스럽게 관리해요. 여름이 되면 벼꽃이 피고 열매인 쌀을 맺어요. 초록색이던 쌀이 익어 노란 황금빛이 되면 벼는 쌀이 무거워서 점점 고개를 숙여요. 9월에서 10월 사이 벼를 추수하고, 노란 껍질을 벗겨 도정하면 뽀얀 쌀이 되지요. 벼농사는 볍씨를 심어 열매가 열리기까지 1년 이내에 이루어져요. 이렇게 1년 안에 열매를 맺고, 다음 해에 새로 심어야 하는 식물을 한해살이 식물이라고 합니다.

  딱딱한 쌀이 부드러운 밥이 되는 원리

밥을 지으려면 쌀을 깨끗이 씻어 물에 불려요. 밥솥에 불린 흰쌀과 적당한 양의 물을 넣어 안치면 윤기가 자르르 흐르는 맛있는 밥이 돼요. 쌀은 딱딱하지만, 밥이 되면 부드러워서 금방 으깨지지요. 이렇게 쌀이 밥이 되는 과정에 필요한 것은 바로 물과 열이에요. 쌀의 주성분은 녹말이에요. 녹말이 물을 흡수해 팽창하고, 열을 가하면 분자 구조가 바뀌며 부드러워지지요. 이처럼 녹말이 열에 의해 부드러워지는 것을 녹말의 호화 과정이라고 해요.

45 우유를 먹으면 왜 배가 아플까?

학교 급식으로 나온 고소한 우유! 우유에는 우리 몸의 뼈를 구성하는 칼슘이 들어 있답니다. 그런데 우유를 먹으면 배가 사르르 아파서 화장실로 바로 가야 하는 어린이도 있어요. 우유에 있는 젖당을 소화하지 못하기 때문이에요. **젖당**은 포유동물의 젖에 들어 있는 당분을 말해요. 우리 몸은 젖당을 그대로 흡수하지 못해서 더 작게 분해해 줘야 해요. 이때 잘게 분해하여 소화를 돕는 물질인 **소화 효소**가 필요하지요. 젖당을 분해하는 소화 효소는 락타아제랍니다. 그런데 우리나라 사람의 일부는 락타아제가 없거나 부족한 사람이 많아요. 그래서 우유를 먹으면 소화하지 못해 배가 아픈 거예요.

이런 사람들은 우유 대신 유제품을 먹으면 돼요. 요구르트나 치즈는 우유를 발효시켜 만든 것으로 젖당이 소화하기 좋게 분해되어 있기 때문이에요. 특히 성장기 어린이라면 뼈에 좋은 칼슘이 든 유제품을 먹는 것이 중요하답니다.

👉 **더 알아보기** 112쪽을 읽어 보세요!

핵심 개념

젖당: 포유동물의 젖에 있는 당분
소화 효소: 소화 기관에서 음식물을 흡수하기 좋도록 영양소로 잘게 분해하는 물질

46 식판은 왜 금방 뜨거워지는 걸까?

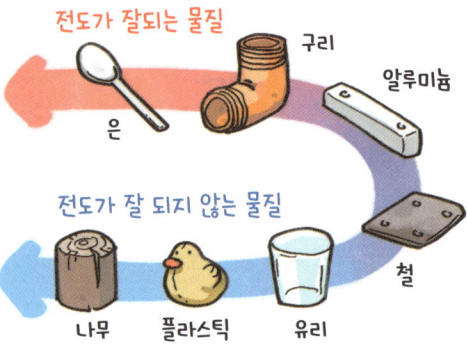

점심시간에 뜨거운 국을 식판에 담아야 한다면 조심해야 해요! 뜨거운 국을 담으면 식판이 금방 뜨거워지니까요. 라면을 끓일 때 처음에는 냄비 아래만 가열되다가 곧 냄비 전체가 뜨거워지는 것처럼 말이에요. 이처럼 식판이나 냄비가 뜨거워지는 이유는 열이 이동하기 때문이에요.

열은 분자들을 움직이게 하는 에너지의 한 형태를 말해요. 열에너지를 가진 분자들은 활발히 움직이면서 다른 분자와 부딪쳐 열에너지를 나누어요. 뜨거운 국에 있는 분자들은 열에너지를 갖고 있어서 활발하게 움직여요. 맞닿아 있는 식판에 열에너지를 전해 주어 뜨거워지고, 옆의 분자들에게도 열을 나누어서 결국 식판의 다른 부분까지 뜨거워져요. 이처럼 고체를 따라 열이 이동하는 방법을 **전도**라고 해요. 금속과 같은 물질은 **열전도성**이 좋아서 금방 열이 전달되지요. 하지만 고무나 플라스틱은 열전도성이 좋지 않아요. 냄비나 프라이팬에서 손잡이를 고무나 플라스틱으로 만드는 이유는 열전도성이 좋지 않아 쉽게 뜨거워지지 않기 때문이에요.

> **핵심 개념**
> **열** : 분자들을 움직이게 하는 에너지의 한 형태
> **전도** : 열이 물체를 따라 전달되는 현상
> **열전도성** : 닿아 있는 두 물체 사이에서 온도가 높은 쪽에서 낮은 쪽으로 열이 흐르는 성질

47. 왜 먹기 싫은 브로콜리까지 고루 먹어야 할까?

우리 몸은 무엇으로 이루어져 있을까요? 물, 단백질, 탄수화물, 지방, 다양한 무기염류와 비타민으로 되어 있어요. 이렇게 생물을 이루고 있거나 생물이 살아가는 데 꼭 필요한 성분을 **영양소**라고 해요. 다양한 영양소는 뼈, 근육, 피부, 혈액 등 몸을 구성할 뿐 아니라 우리 몸이 제 기능을 할 수 있도록 여러 가지 작용을 해요. 우리 몸이 살아가고, 활동하고, 성장할 수 있도록 음식으로 영양을 섭취해야 하지요. 이 중 우리 몸을 이루고 몸의 기능을 조절할 뿐 아니라 에너지를 낼 수 있는 영양소를 **필수 영양소**라고 합니다. 단백질, 탄수화물, 지방이 3대 필수 영양소예요.

하지만 무기염류나 비타민도 부족할 경우 우리 몸이 제 기능을 하지 않아 질병에 걸릴 수 있고, 심지어는 생명에 위협이 될 수도 있어요. 그렇기 때문에 다양한 음식 속에 들어 있는 영양소를 고루 섭취하는 일은 매우 중요해요. 우리 몸이 제대로 기능하게 하려면 브로콜리나 채소도 먹어야 한답니다. 먹기 싫더라도요!

> **핵심 개념**
> **영양소** : 몸의 구성 성분이나 에너지원이 되는 물질
> **필수 영양소** : 우리 몸에서 꼭 없어서는 안 될 영양소

48 새콤한 레몬을 보면 왜 침이 고일까?

급식으로 탕수육이나 생선구이가 나올 때 올려진 레몬 한 조각! 그런데 레몬을 보자마자 입안에 저절로 침이 고이기 시작해요.

우리 몸은 외부에서 자극을 받으면 반응을 해요. 자극에 대한 반응은 조건 반사와 무조건 반사 두 가지가 있어요. 레몬을 보고 침이 고이는 것은 자극을 인식하고 뇌를 거쳐 반응하는 것이 조건 반사이고, 뜨거운 물에 손이 닿았을 때 바로 손을 떼는 것이 무조건 반사예요.

먼저 조건 반사를 살펴볼까요? 어떤 자극을 여러 번 경험하는 반복 학습을 한 경우에는 즉각적인 반응이 일어나요. 이를 **조건 반사**라고 하지요. 러시아의 생리학자 파블로프는 조건 반사를 확인하는 실험을 했어요. 개에게 먹이를 줄 때마다 종을 쳤더니, 먹이를 주지 않더라도 종소리만 나면 개가 침을 흘리는 것을 밝힌 실험이었어요. 그러니까 많은 사람이

조건 반사

핵심 개념

조건 반사 : 자극에 대해 동물이 학습으로 익히는 반응
무조건 반사 : 자극에 대해 본능적으로 일어나는 반응

레몬만 보면 입안에 침이 고이지만, 태어나서 처음 레몬을 본 사람이라면 입안에 침이 고일 일이 없다는 이야기예요.

반면에 뜨거운 물에 손을 대면 뇌의 명령을 받기도 전에 자동으로 손을 떼는 반응이 있어요. 이러한 경우를 **무조건 반사**라고 해요. 보통 뇌를 거치는 반응은 반응까지 시간이 걸리지만 뇌를 통하지 않는 무조건 반사는 생각할 틈도 없이 바로 일어나요.

뜨거운 물체에 손이 닿았을 때 손을 떼는 것, 무릎 반사, 배변, 배뇨와 같은 무조건 반사는 신경 계통 중 척수를 거쳐 일어나요. 하품, 재채기, 딸꾹질, 구토와 같은 반사는 연수를 거쳐 일어나지요. 또 홍채의 크기가 달라지는 동공 반사는 중뇌를 거쳐 일어난답니다. 거치는 부위는 달라도 무조건 반사는 누구나 태어날 때부터 갖고 있답니다.

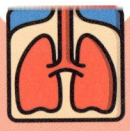

49 딸꾹질은 왜 하는 걸까?

딸꾹딸꾹! 음식을 먹고 나서 갑자기 딸꾹질이 날 때가 있어요. 심호흡을 하거나 숨을 잠시 참아도 멈출 수가 없어 곤란할 때도 있어요.

우리 몸은 뼈와 근육, 신경, 혈관 등으로 이루어져 있어요. 그중에서 몸을 움직이게 해 주는 힘줄과 살을 **근육**이라고 해요. 심장은 근육으로 이루어져 있어 스스로 움직일 수 있어요. 하지만 폐에는 근육이 없어서 숨을 들이쉬거나 내쉴 때 스스로 움직이지 못해요. 우리 몸에서 가슴과 배 사이에는 근육으로 이루어진 **횡격막**이 있어요. 이 횡격막이 폐의 호흡 작용을 도와줘요. 횡격막이 아래로 내려가고 갈비뼈가 올라가면 공간이 커지면서 숨이 들어가고, 횡격막이 위로 올라가고 갈비뼈가 내려가면 공간이 작아지면서 숨을 내쉬어요. 딸꾹

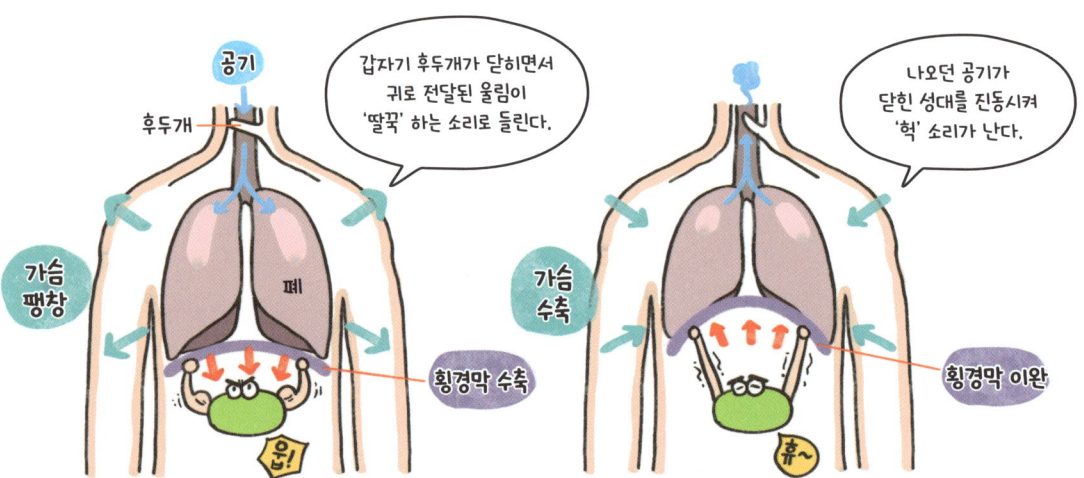

딸꾹질할 때 소리가 나는 이유

질은 이 횡격막과 갈비뼈 사이에 있는 근육이 반복적으로 수축할 때 일어나요. 숨을 쉬려 할 때 근육이 수축하면서 목소리를 내는 성대가 닫혀 딸꾹딸꾹 소리가 나는 거예요.

딸꾹질은 신경과 여러 가지 신경 전달 물질이 복잡하게 연관되어 있어서 원인이 다양해요. 보통 음식을 빨리 먹거나 너무 많이 먹어 위가 부풀 때, 자극적인 음식 등을 먹을 때 자극을 받아 일어나요. 또는 갑자기 놀라거나 충격적인 일을 겪을 때, 급작스러운 날씨 변화에도 딸꾹질이 일어나지요. 이럴 때는 물이나 설탕물, 레몬 등을 먹거나 입과 코를 막고 잠시 숨을 참는 것이 도움이 돼요.

하지만 딸꾹질이 멈추지 않고 너무 오랜 시간 동안 딸꾹질이 일어날 때도 있어요. 이런 경우에는 다양한 원인이 있을 수 있으니, 병원에서 진료를 받아야 해요.

| 핵심 개념 |
근육: 동물을 움직일 수 있도록 해 주는 힘줄과 살
횡격막: 가슴과 배를 나누는 근육으로 된 막

50

물에 사는 조개는 물고기일까?

학교 급식의 단골 메뉴 중 하나는 된장국이에요. 특히 된장국에 조개가 들어가면 시원한 맛이 일품이지요. 단단한 껍데기 안에 부드러운 살을 감추고 있는 조개는 짭조름하고 맛있어요. 그런데 바다에 사는 조개는 물고기일까요? 아니라면 무엇일까요?

어떤 동물을 분류할 때 가장 큰 기준은 척추뼈가 있는지, 없는지예요. 대구나 조기 같은 생선은 척추뼈가 있는 척추동물(어류)에 속하고, 조개는 척추뼈가 없는 **무척추동물**(연체동물)에 속합니다.

조개의 특징을 더 살펴볼까요? 조개는 단단한 껍데기 안에 연한 살로 이루어져 있어요. 두 장의 단단한 껍데기가 몸을 보호하지요. 그리고 부드러운 외투막 안에 호흡을 위한 두 장의 아가미, 심장, 입수관(물이 들어오는 기관)과 출

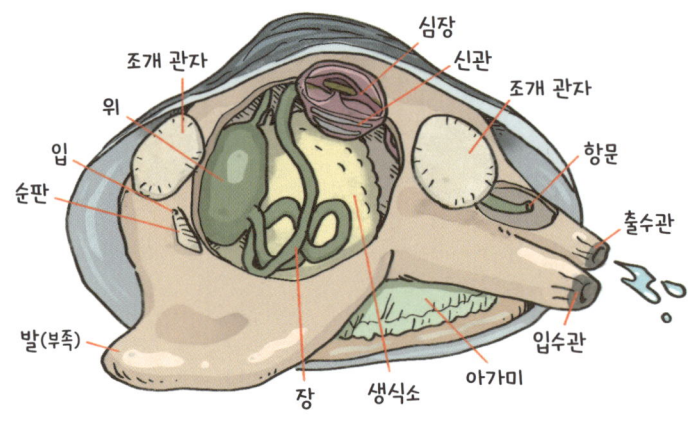

조개의 구조

수관(물이 나가는 기관), 입, 위, 항문, 생식소 같은 중요한 기관을 모두 갖추고 있답니다. 조개는 머리가 없지만 도끼 모양의 발인 부족이 있어요. 부족은 기어다니거나 땅을 파는 데 필요하지요.

조개처럼 부드럽고 연한 살로 둘러싸인 몸을 가진 동물을 연체동물이라고 합니다. 연체동물은 곤충과 같은 절지동물 다음으로 가장 종류가 많은 무척추동물이에요. 11만 종이 넘지요. 오징어나 문어 같은 두족류, 달팽이 같은 복족류도 연체동물이에요.

다양한 무척추동물

달팽이 · 불가사리 · 전갈 · 해파리

핵심 개념

무척추동물 : 등뼈(척추)가 없는 동물
조개 : 두 장의 넓적한 껍데기로 몸을 싸고 있는 연체동물

생물 분류학의 아버지 린네

스웨덴의 식물학자인 린네(1707~1778년)는 어려서부터 자연을 관찰하는 것을 좋아했어요. 특히 자연의 질서를 밝히는 것에 관심이 많았어요. 세계 여러 나라를 여행하면서 동식물을 채집해 표본을 만들고 기록하면서 각 동식물의 특징을 자세히 관찰했지요. 그리고 관찰한 결과에 따라 생물을 분류하는 기준을 만들었어요. 분류의 기본 단위를 '종'으로 하고, 그보다 조금 넓은 분류의 단위로 넓혀 가면서 '종-속-과-목-강-(문)-계'의 분류 체계를 만들었어요. 이 분류 체계에 따라 린네는 동식물의 이름을 부르는 '이명법'을 만들었고, 현대 생물 분류학의 기초를 마련했답니다. '강'과 '계' 사이의 '문' 분류는 19세기에 도입되었어요.

계	동물계	균계	식물계
문	척삭동물문	담자균문	피자식물문
강	포유강	주름균강	목련강 > 장미마강
목	식육목	주름버섯목	장미목
과	고양이과	뽕나무버섯과	장미과
속	고양이속	팽이버섯속	벚나무속
종	고양이	팽이버섯	벚나무

51  바닥에 떨어진 음식을 3초 안에 먹어도 괜찮을까?

급식에 나온 맛있는 도넛을 먹으려는데 그만 바닥에 떨어졌어요! 아까우니 바로 도넛을 주워서 먼지를 떨어내고 먹어도 될까요? 이와 같은 상황에서 3초 안에 주운 음식은 먹어도 된다는 말 때문에 고민해 본 적 있을 거예요.

바닥에 떨어진 음식을 먹으면 안 된다는 이유는 식중독에 걸릴 수 있기 때문이에요. **식중독**은 음식을 먹을 때 미생물이 만들어 낸 독소나 박테리아가 우리 몸에 들어와 복통, 설사, 구토 등을 일으키는 것을 말해요.

3초 안에 주운 음식은 먹어도 괜찮다는 근거는 박테리아의 이동 속도 때문이에요. **박테리아**는 아주 작고 아주 느리답니다. 달팽이보다 약 67배나 느려 대략 1초에 0.02cm를 이동해요. 바닥에서 도넛까지 박테리아가 이동하려면 3초보다는 더 오래 걸릴 테니까요. 하지만 바닥에 무엇이 있는지 알 수 없고, 수분이 있는 음식이라면 박테리아가 더 빨리 이동할 수 있어요. 그러니 바닥에 떨어진 음식은 웬만하면 먹지 않는 게 좋답니다.

> **핵심 개념**
> **식중독**: 음식이나 물을 먹어 유해한 독소나 박테리아가 인체 내로 유입되어 나타나는 감염 질환
> **박테리아**: 하나의 세포로 이루어진 미생물

52 생수병을 얼리면 왜 바닥이 볼록해질까?

여름날 더위를 식히기 위해 필요한 것은? 냉동실에 얼린 생수병이에요. 그런데 얼려 둔 생수병은 식탁 위에 잘 세워지지 않는 경우가 많아요. 생수병의 바닥이 평평하지 않고 볼록하게 튀어나왔기 때문이에요. 물병을 가득 채우고 뚜껑을 닫은 채 물을 얼리면 물병이 깨지기도 해요. 이러한 현상이 나타나는 것은 상태에 따라 물의 부피가 변하기 때문입니다.

물은 일상적인 **상온**에서 액체 상태예요. 액체 상태인 물을 얼리면 고체인 얼음으로 **응고**돼요. 보통 다른 물질들은 액체 상태에서 고체 상태로 응고되면 부피가 줄어들어요. 기체에서 액체로 액화될 때도 마찬가지로 부피가 줄어요.

하지만 물은 달라요. 기체 상태에서 액체 상태로 액화될 때는 다른 물질처럼 부피가 줄지만, 액체 상태에서 고체 상태로 응고될 때는 부피가 커져요. 물 분자가 얼면서 분자끼리 넓게 분포하기 때문에 부피가 더 커진답니다.

물(액체) / 얼음(고체)

> **핵심 개념**
> **상온** : 15~25℃ 사이의 일상적인 온도
> **응고** : 물질의 상태가 액체에서 고체로 변하는 현상

53

청국장은 왜 쿰쿰한 냄새가 날까?

급식에 청국장찌개가 나오면 쿵쿵 냄새를 맡게 돼요. 된장찌개와 비슷해 보이지만 독특한 냄새가 나니까요. 사람들은 청국장찌개의 냄새를 구수하다며 좋아하기도 하고, 쿰쿰하다며 싫어하기도 해요. 이런 청국장찌개의 독특한 냄새는 콩을 발효시켰기 때문에 나는 냄새예요.

청국장찌개

청국장은 삶은 콩을 발효시켜 만들어요. 볏짚을 깔고 삶은 콩을 두거나, 삶은 콩에 볏짚을 둘러 따뜻한 방에 오랜 시간 놔두면 발효가 일어나지요. **발효**란 미생물이 콩을 분해하면서 몸에 좋은 물질을 만들어 내는 것을 말해요. 삶은 콩을 따뜻한 방에 오래 둔다니 콩이 상하지는 않을까 걱정되기도 할 거예요. 하지만 걱정할 필요는 없어요. 볏짚에 있는 미생물인 바실루스균이 콩을 발효시켜 주거든요.

발효와 부패는 미생물의 종류에 따라 달라져요. 음식을 상하게 하는 현상인 부패도 미생물이 **유기물**을 분해한다는 것은 같아요. 하지만 부패를 일으키는 미생물은 음식을 분해하며 몸에 좋지 않은 물질을 만들어 내요. 반대로 발효된 음식에는 암을 예방하거나 면역력을 키워 주는 몸에 좋은 물질이 생겨요. 물론 몸에 좋은 음식이 항상 맛이 있거나 향기로운 것은 아니지요. 청국장의 미생물은 단백질을 분해하면서 여러 물질을 만들어 내는데, 이 물질들이 섞여 쿰쿰한 냄새를 만들어 내요. 하지만 요즘에는 냄새가 잘 나지 않도록 일정한 온도에서 발효시킨 청국장도 있어요. 그리고 청국장 맛에 익숙해지면 무엇보다 구수하게 느껴진답니다.

☞ **더 알아보기** 99쪽을 읽어 보세요!

핵심 개념

발효 : 미생물에 의해 유기물이 분해되는 현상
유기물 : 동물, 식물 등 생명체를 이루고 있는 물질

3장

던지고, 뛰고, 놀며
온몸으로 배우는 신기한 과학

"여기로 던져! 나이스 캐치!", "으악! 경찰이다! 뛰어!" 점심시간에 야구도 하고 경찰과 도둑 놀이도 하며 열심히 뛰어놀았어요. 누가 그네를 더 높이 타는지 내기도 했어요. 한쪽에서는 우리 반 식물 박사 친구가 나뭇잎이 왜 다르게 생겼는지, 화단에 핀 꽃들의 이름이 무엇인지 돌아다니며 설명해 주었어요. 무슨 꽃인지 다 알고 있는 게 정말 신기해요! 모두 얼굴이 햇빛에 벌게졌지만, 또 놀고 싶어요. 그리고 신나는 일이 하나 더 있어요. 학교 끝나고 소연이가 떡볶이 사 주기로 했거든요!

54 갑자기 방향을 바꾸는 커브볼을 어떻게 던질까?

야구 경기에서 투수는 상대 타자가 예측하지 못하는 공을 던지는 게 좋아요. 공이 나아가다가 방향을 급히 바꾸면 타자는 공을 못 치게 되지요.

일반적으로 공을 던지면 공은 긴 포물선을 그리며 바닥으로 떨어져요. 공을 앞으로 던진 힘과 지구가 공을 잡아당기는 중력 때문에 공은 포물선을 그리며 떨어지지요. 공의 움직임을 변화시키려면 이와는 다른 힘이 필요해요. 공이 회전할 힘을 주는 거지요. 검지와 중지를 이용해 공의 앞쪽을 긁으며 던지면 공이 회전할 수 있답니다.

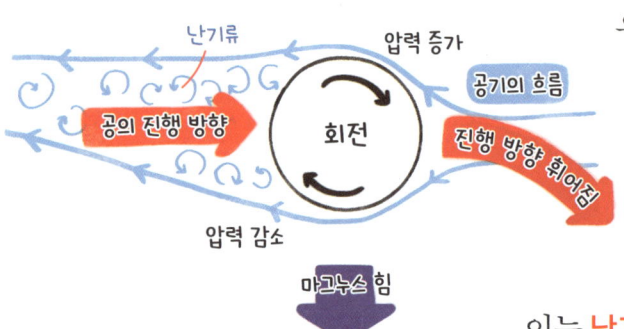

우리 주변에 공기를 이루는 기체 분자들은 끊임없이 움직여요. 움직이는 공기 속으로 회전하는 공이 들어가면 공과 공기가 마찰하면서 공기가 복잡하게 움직이는 **난기류**가 생겨요. 이때 공의 회전 방향과 공기가 흐르는 방향이 같은 부분은

핵심 개념

난기류: 공기가 불규칙하게 흐르는 현상
마그누스 효과: 공기나 물과 같이 흐르는 공간 속에서 회전하는 물체가 이동 방향의 수직으로 힘을 받아 진행 방향이 휘어지는 현상

공기의 속도가 빨라져요. 공의 회전 방향과 공기가 흐르는 방향이 다른 부분은 공기와 공 사이에 마찰력이 생겨요. 마찰력은 접촉하여 물체의 운동을 방해하는 힘이므로 결국 공기의 속도가 느려지지요. 이런 공기의 속도 차이 때문에 회전 방향과 공기의 흐름이 같은 곳에서는 압력이 낮아져요. 그리고 회전 방향과 공기의 흐름이 반대인 곳에서는 압력이 높아져요. 그 결과 공은 진행 방향으로부터 수직으로 힘을 받게 되므로 앞으로 날아가던 공은 수직 방향으로 갑자기 뚝 떨어진답니다. 이처럼 흐르는 공기나 물속에서 회전하는 물체가 진행 방향의 수직 방향으로 힘을 받아 방향이 휘어지는 현상을 **마그누스 효과**라고 합니다.

축구공이 휘는 것도 마그누스 힘이 작용한 것이구나!

💡 야구공에 실밥이 필요한 이유

야구는 상대편이 던진 공을 치고 달리는 운동 경기예요. 야구에서 가장 중요한 것은 바로 공이지요. 야구공은 코르크나 고무로 만든 심을 실로 감고 소가죽 두 쪽을 굵은 실로 108번 꿰매어 만들어요.

야구공의 실밥은 야구 경기에 없어서는 안 될 중요한 부분이에요. 만약 야구공 가죽을 실밥 없이 본드로만 붙인다면 시속 120km가 넘는 공이나 홈런은 볼 수 없을 거예요. 실밥이 있어야 공 주변의 공기가 불규칙해지고 공 뒤쪽의 압력을 줄여서 공이 잘 날아갈 수 있거든요. 이처럼 공기의 흐름을 불규칙하게 하려고 투수들은 야구공에 침이나 이물질을 묻히려 하기도 해요. 공의 표면이 울퉁불퉁해지면 주변 공기의 흐름이 불규칙해져 공이 예측할 수 없는 방향으로 날아갈 수 있기 때문이지요. 그래서 야구공에 이물질을 묻히는 일은 금지되었어요.

55 나뭇잎의 가장자리는 왜 톱니 모양일까?

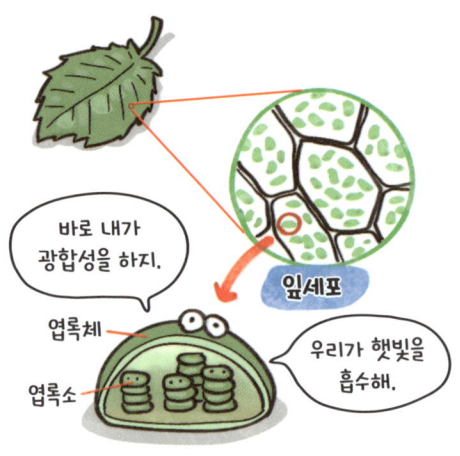

운동장을 둘러싼 나무를 자세히 본 적 있나요? 은행나무, 벚나무, 양버즘나무 등 종류도 다양할 거예요. 나무의 종류는 다양하지만, 공통점이 있어요. 굵은 줄기와 가지에 잎이 나 있다는 거예요. 잎은 식물에서 매우 중요한 기관이에요. 영양분을 만들고 식물이 숨을 쉬게 하지요.

잎의 표면에는 초록색을 띠는 엽록체가 있어요. 엽록체는 세포 안에 있는 작은 기관으로 햇빛을 받아 광합성 작용을 한답니다. **광합성**은 물과 이산화 탄소와 햇빛으로 영양분과 산소를 만드는 작용을 말해요. 햇빛으로 생명이 살아갈 영양분을 만드는 중요한 작용이지요.

잎은 광합성이 일어나는 장소일 뿐 아니라 식물이 숨을 쉬는 곳이에요. 잎의 뒷면에는 기공(구멍)이 있어서 공기가 드나들 수 있어요. 광합성에 필요한 이산화 탄소를 받아들이고, 광합성으로 만들어진 산소를 내보내요. 광합성을 하고 남은 물을 기체 상태인 수증기로 내보내기도 하지요. 이처럼 잎의 뒷면에서 물을 수증기로 내보내는 작용을 **증산 작용**이라 한답니다.

잎은 나무마다 모양이 모두 달라요. 나뭇잎의 가장자리는 톱니 모양이 많아요. 나뭇잎의 가장자리가 톱니 모양인 것은 바로 나뭇잎의 역할과 관계 있어요. 톱니 모양이 잎 주변 공기의 움직임을 크게 만들기 때문이지요. 광합성을 위한 이산화 탄소를 더 많이 흡수할 수 있고 잎에서 물을 더 많이 내보낼 수도 있지요. 잎에서 물을 많이 내보낼수록 뿌리에서 물을 더 많이 빨아들일 수 있어요. 우리가 빨대를 쭉쭉 빨아들이면 물이 더 많이 올라오는 것처럼 말이에요. 그래서 습도가 높은 열대 지방의 나무들은 물을 더 많이 빨아들이지 않아도 되어서 나뭇잎의 가장자리가 매끈하답니다.

잎 가장자리의 다양한 모양

햇빛이 사라진다면 지구는…?

만약 햇빛이 사라진다면, 지구에 있는 생물은 모두 살기 어려울 거예요. 햇빛 덕분에 지구가 따뜻한 기온을 유지할 수 있기 때문이지요. 햇빛이 닿지 않는 머나먼 행성들이 밤에 영하 수백 도를 넘나드는 혹독한 환경을 갖고 있는 것을 보면 알 수 있지요. 또 햇빛이 없다면 식물이 광합성 작용을 하지 못해요. 광합성은 식물이 햇빛을 받아들여 영양분으로 바꾸는 작용이에요. 지구에 있는 모든 생물은 식물이 만든 영양분으로 살아가는 셈입니다. 햇빛이 없다면, 지구의 모든 생물은 살아남지 못할 거예요.

핵심 개념

광합성 : 식물이 물, 이산화 탄소, 햇빛으로 영양분과 산소를 만드는 작용
증산 작용 : 식물 잎의 뒷면에서 물을 수증기로 내보내는 작용

56 피구 공은 왜 통통 튈까?

　피구는 날아오는 공을 피한 다음, 재빨리 공을 잡아야 공격에 유리해요. 피구할 때 날아오는 공은 **포물선**을 그리며 둥글게 떨어져요. 그런데 떨어진 피구 공은 바닥에 부딪치자마자 빠르게 위로 튀어 올라 잡기 어렵지요.

　바닥에 떨어진 피구 공이 통통 튀어 오르는 것은 바로 **탄성** 때문이에요. 탄성은 원래 모양으로 돌아오려는 성질을 말해요. 피구 공은 고무처럼 탄성이 좋은 물질로 만들어졌고, 안에 공기가 채워져 있어요. 바닥에 부딪치는 순간 충격으로 모양이 찌그러지지만 금방 원래 모양으로 돌아오려고 합니다. 바닥에 부딪혔던 공이 찌그러진 모양을 원래대로 되돌리려고 바닥 쪽을 밀기 때문에 바닥에서 피구 공이 다시 튀어 올라요. 꾹 눌렀다가 손을 떼면 다시 원래 모양으로 돌아오려는 용수철처럼 말이지요. 공의 탄성이 강해서 어디로 튈지 모른다면, 바람이 조금 빠진 공으로 바꿔 보세요. 공이 어디로 튈지 쉽게 알 수 있을 거예요.

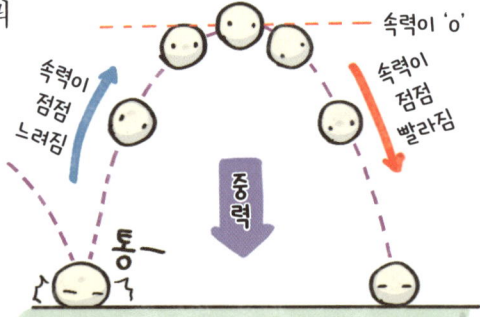

핵심 개념

포물선: 물체가 반원 모양을 그리며 날아가는 선
탄성: 모양이 변형되었을 때 원래 모양으로 돌아가려는 성질

57 시소에서 아빠와 수평을 이루려면 어떻게 해야 할까?

운동장에 있는 시소는 긴 막대의 중간에 **받침점**이 있는 놀이기구예요. 양쪽 끝에 사람이 타면 양쪽의 무게에 따라 오르락내리락한답니다. 시소 가운데에 받침점이 물체가 기울어지지 않게 받칠 수 있는 **무게 중심**이 되지요. 그래서 시소는 맞은편에 앉은 친구의 무게와 내 무게가 비슷해야 재미있어요. 시소가 수평을 이루어서 서로 발을 굴러 위아래로 움직일 수 있으니까요.

아빠가 맞은편에 앉는다면, 훨씬 무거운 아빠 쪽으로 시소가 기울어져 움직이지 않아요. 하지만 무거운 아빠와도 시소에서 수평을 이룰 수 있는 방법이 있어요. 지레의 원리를 이용하면 돼요. 지레는 막대의 한 점을 받친 받침점을 중심으로 물체를 움직이는 장치를 말해요.

적은 힘을 들여 무거운 물체를 들어 올릴 수 있지요. 무거운 물체를 받침점에 가까이 놓고 먼 거리에서 힘을 가하면 되거든요. 아빠와 시소를 탈 때는 시소를 지레처럼 생각하면 돼요. 시소 가운데의 무

> **핵심 개념**
> **받침점** : 지레를 받쳐 주는 지점
> **무게 중심** : 물체가 기울어지지 않고 균형을 잡을 수 있는 지점

세 중심을 받침점으로 하는 거예요. 무거운 아빠를 시소의 가운데, 즉 받침점에 가까이 앉게 하고 가벼운 친구가 받침점으로부터 멀리 앉아요. 그러면 시소 가운데 받침점이 무게 중심이 되어 수평을 이루게 된답니다. 통통 발을 구르며 신나게 시소를 움직일 수 있어요.

👉 **더 알아보기** 86쪽을 읽어 보세요!

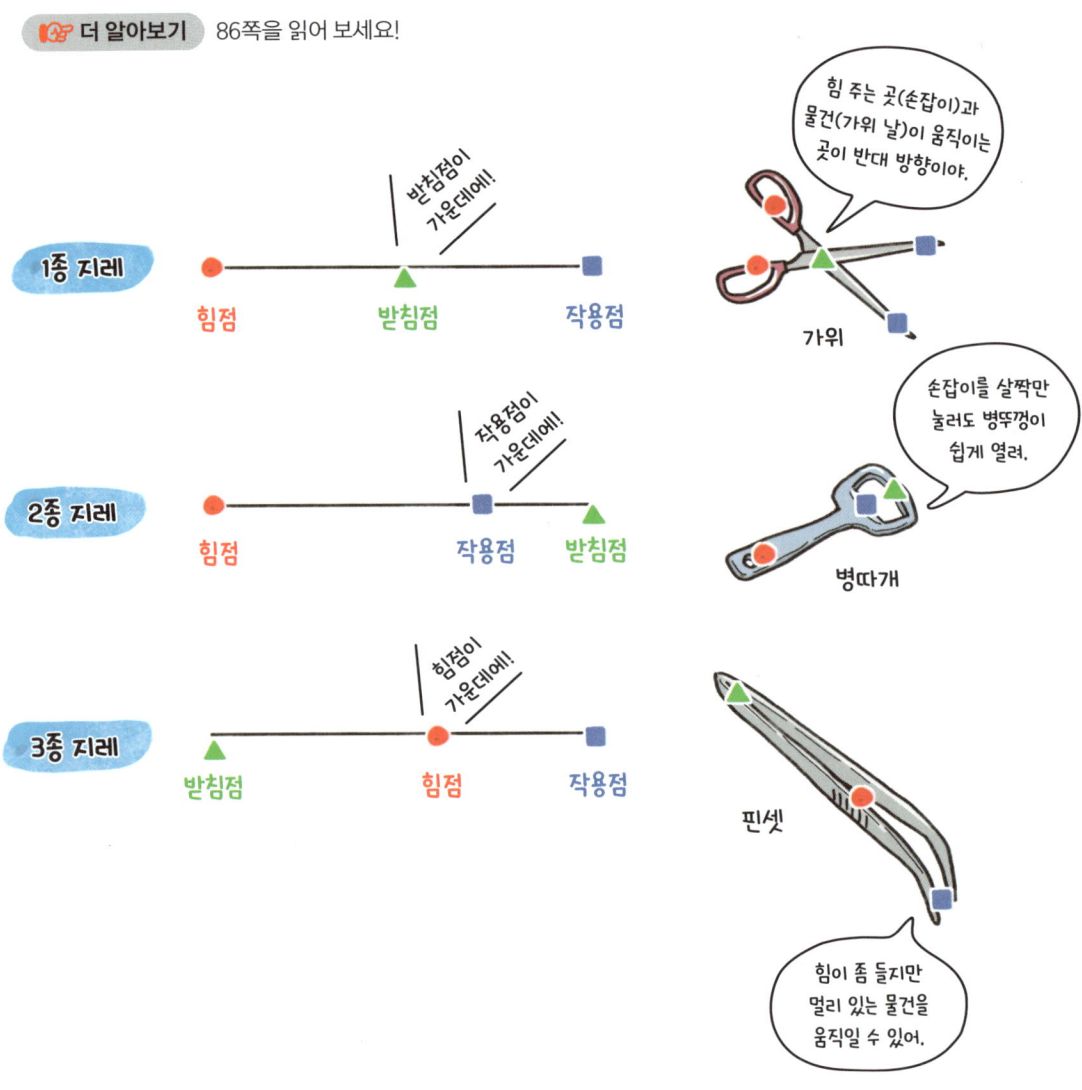

58 미끄럼틀을 타면 왜 엉덩이가 뜨거워질까?

언제 타도 재미있는 미끄럼틀! 높은 곳에서 아래로 빠르게 미끄러지는 것은 지구가 잡아당기는 중력 때문이에요. 중력 때문에 미끄러져 내려올수록 점점 더 빨라져서 날아갈 듯 신이 나요. 하지만 가끔 금속으로 된 긴 미끄럼틀을 탈 때는 엉덩이가 뜨거워져요. 엉덩이와 미끄럼틀 사이에 발생하는 **마찰열** 때문이지요.

미끄럼틀 위에서 엉덩이는 지구가 잡아당기는 중력 때문에 점점 빠르게 내려와요. 이때 운동하는 물체와 바닥 면 사이에는 운동을 방해하는 **마찰력**이 작용해요. 내려오려는 엉덩이와 반대 방향으로 작용한답니다. 마찰력이 작용하기 때문에 엉덩이와 미끄럼틀 사이에 마찰열이 발생하고, 엉덩이가 점점 뜨거워지는 것이지요.

추운 날 손바닥을 비비면 열이 나서 따뜻해지는 것도 마찰열 때문이에요. 그리고 스키를 탈 때, 스키와 눈 사이에 생긴 마찰열 때문에 눈이 녹아 스키가 쌩쌩 미끄러져 내려올 수 있는 거랍니다.

> **핵심 개념**
> **마찰열** : 마찰에 의해 발생하는 열
> **마찰력** : 바닥면에서 물체의 운동을 방해하는 힘

59 그네를 재미있게 타려면 어떻게 해야 할까?

진자

놀이터에서 어떤 기구를 가장 좋아하나요? 스릴을 즐길 줄 아는 친구라면 흔들흔들 흔들리는 그네도 좋아할 거예요. 그냥 앉아 있어도 재미있지만 세게 힘을 주어 높이 올라가게 하면 더욱 재미있지요. 그네의 원리를 알고 나면 그네를 더욱 재미있게 탈 수 있을 거예요.

그네는 줄에 매달린 추의 운동과 닮았어요. 이때 흔들리는 추 또는 추가 움직이게 만든 물체를 **진자**라고 해요. **진자 운동**은 좌우로 왔다 갔다 하는 왕복 운동을 말해요. 가장 높은 곳에 있던 추는 내려가면서 점점 빨라지다가 가장 낮은 지점에서 최고 속도가 돼요. 그리고 움직이던 방향으로 다시 위로 올라가며 속도가 줄어들어요. 가장 높은 지점에서는 잠시 멈추어 방향을 바꾸어 다시 내려온답니다.

줄의 길이가 같다면 진자가 좌우로 흔들리는 폭을 더 넓게 해도 진자가 한

> **핵심 개념**
> **진자** : 흔들리는 추 또는 줄 끝에 추를 매달아 좌우로 움직이게 만든 물체
> **진자 운동** : 진자가 좌우로 주기적으로 왕복하는 운동

번 왕복하는 시간은 같답니다. 그네도 마찬가지예요. 더 높은 곳까지 잡아당겼다가 그네를 놓거나, 낮은 곳에서 잡아당겼다가 그네를 놓아도 결국 한 번 왔다 가는 데 걸리는 시간이 같아요. 왕복 시간이 같다는 것은 더 높은 곳까지 잡아당겼다가 놓으면 그네가 더 빨리 움직인다는 뜻이기도 하지요. 그네가 더 빠른 속도로 내려갔다가 올라오면 더 재미있지요!

그렇다면 다른 친구의 도움 없이 혼자 그네를 높이 올려 볼까요? 모두 잘 알고 있는 방법이에요. 그네를 혼자 탈 때 높이 올라가려면, 그네에 선 채로 무릎을 굽혔다 펴면 돼요. 가장 높은 곳에서 무릎을 굽혔다가 가장 낮은 지점으로 와서 속도가 빨라졌을 때 무릎을 펴는 거예요. 이렇게 반동으로 얻은 힘으로 그네가 높이 올라갈 수 있답니다. 더 높이 올라간 그네는 더 빠르게 내려가고, 우리는 더 신나게 그네를 탈 수 있어요.

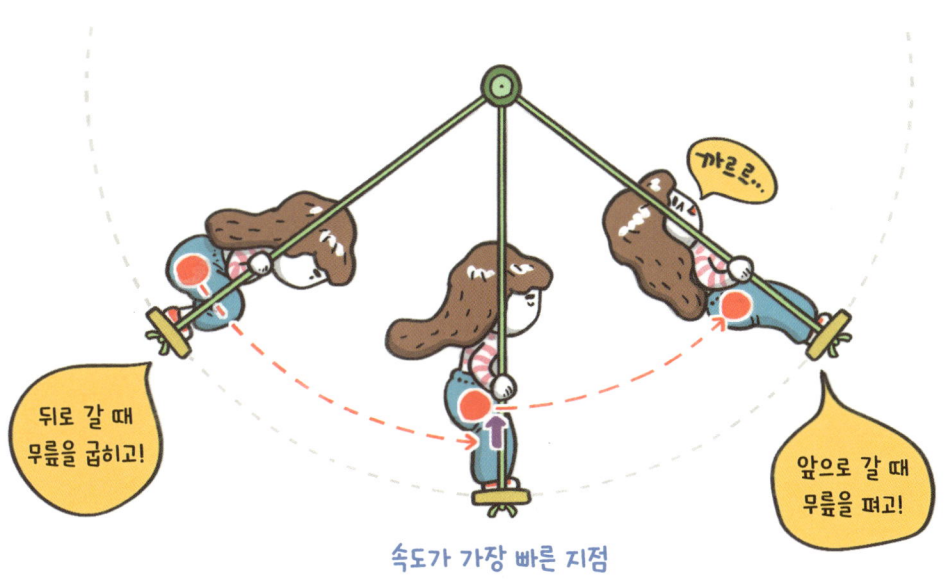

무거울수록 빨리 떨어질까?

피사의 사탑

그네를 탈 때 몸무게가 무거운 아빠는 몸무게가 가벼운 아이보다 더 높이 올라가거나 더 빨리 내려올 거라고 생각하나요? 하지만 그렇지 않아요. 그네 줄이 끊어지지만 않는다면, 그네가 높이 올라가는 것은 코끼리든 개미든 몸무게와 아무 상관이 없어요.

마찬가지로 코끼리와 개미가 같은 높이에서 떨어질 때 몸무게 때문에 코끼리가 더 빨리 떨어질 거라 생각하기 쉬워요. 하지만 공기의 저항이 없다면, 코끼리와 개미는 똑같이 떨어집니다. 갈릴레오 갈릴레이가 했다고 전해지는 피사의 사탑 실험이 이를 설명해요.

이탈리아에 있는 피사의 사탑은 탑이 기울어져 있는 것으로 유명해요. 그래서 위에 올라가서 물체를 떨어뜨린다면 어떻게 낙하하는지 관찰하기가 좋지요. 갈릴레이의 실험 결과에 따르면 피사의 사탑에서 무거운 공과 가벼운 공을 동시에 떨어뜨린 결과, 두 공은 바닥에 동시에 떨어졌다고 해요. 여기서는 힘을 주어 던지지 않았다는 게 중요해요! 그러니까 힘을 주어 던지지 않는다면 낙하하는 물체의 속도는 무게와는 전혀 상관이 없다는 것이지요.

그런데 갈릴레이의 이 실험을 두고 논란도 있어요. 갈릴레이 조수가 남긴 기록은 있지만 실제로 실험했는지 알 수 없다는 거예요. 갈릴레이가 실제로 실험을 했는지, 하지 않고 생각만 했는지는 별로 중요하지 않아요. 갈릴레이의 '사고 실험'을 통해서 복잡한 문제들의 오류를 밝히고 해결책을 찾아내는 사고법이 탄생했으니까요.

60 달려오던 친구는 왜 바로 멈추지 못할까?

한창 달리기를 하고 있을 때 갑자기 앞쪽에 나타난 친구를 보고도 멈추지 못해 부딪친 경험이 있을 거예요. 체육 대회에서 달리기 경기를 할 때도 마찬가지예요. 달리고 있을 때는 결승선을 넘어도 바로 멈출 수 없어요. 미리 속도를 줄이지 않는다면 말이에요.

이런 현상은 바로 관성 때문이에요. **관성**은 물체에 힘이 작용하지 않으면 자신이 하던 **운동** 상태를 유지하려는 성질을 말해요. 힘이 작용하지 않는다면, 정지해 있던 물체는 정지해 있으려 하고, 운동하던 물체는 그 운동을 계속하

핵심 개념
관성 : 물체에 힘이 작용하지 않을 때, 정지해 있던 물체는 정지해 있고 운동하던 물체는 운동 상태를 계속 유지하려는 성질
운동 : 시간에 따라 물체의 위치가 변하는 것

려고 합니다. 이처럼 물체가 관성 때문에 운동 상태를 유지하려는 현상을 관성의 법칙이라 한답니다.

달려오던 친구도 관성의 영향을 받은 거예요. 달려오던 친구는 자신의 운동 상태, 즉 달려오는 것을 유지하려는 성질이 있기 때문에 갑자기 멈추기가 어려웠을 거예요. 그러니까 친구에게 부딪치지 않으려면 주변을 주의 깊게 살피고, 미리 속도를 줄여야겠지요!

여기도 힘, 저기도 힘!

"오늘은 힘이 하나도 없어."
"누가 가장 힘이 세지?"
우리는 평소에 힘에 관한 말을 많이 하지만, 과학에서 이야기하는 힘과는 조금 달라요.

과학에서 말하는 힘은 물체 사이에 작용하는 상호 작용을 말해요. 힘이 작용하면 물체의 모양을 변형시킬 수도 있고, 운동 상태를 바꾸게 할 수도 있어요. 운동하는 물체의 속도가 빨라지거나 느려지는 것은 힘이 작용했기 때문이에요. 누군가 계속 잡아당기거나 밀어 줄 때, 바닥 면과 작용하는 힘인 마찰력이 작용할 때처럼 힘이 작용하면 운동 상태가 변하지요.

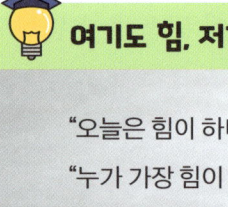

빙판 위 스케이트화

관성의 법칙은 힘이 작용하지 않을 때 적용돼요. 마찰력이 작은 빙판 위에 있으면 관성의 법칙을 알기 쉬워요. 빙판 위에 가만히 올려놓은 물체는 누가 밀지 않는 이상 그대로 있어요. 하지만 누군가 물체를 밀어서 앞으로 나아간다면, 물체는 계속 앞으로 나아가지요.

61. 운동장에 오래 있으면 왜 피부가 탈까?

햇빛이 강한 날에는 야외 활동을 하기 전에 자외선 차단제를 발라야 해요. 햇빛 아래 오래 있으면 피부가 타서 붉게 달아오르기 때문이에요. 심하면 햇빛에 의한 화상을 입어 피부가 벗겨지기도 해요.

햇빛에 의해 피부가 상하는 것은 햇빛 속 **자외선** 때문이에요. 햇빛은 여러 가지 빛이 섞여 있어요. 프리즘을 통과한 햇빛이 빨주노초파남보 빛깔의 띠로 나누어지는 것을 본 적 있을 거예요. 이와 같은 빛의 띠를 빛의 스펙트럼이라 한답니다.

핵심 개념
자외선 : 보라색 바깥쪽에 있고 화학 작용을 하는 빛
가시광선 : 우리 눈에 보이는 빛

빛의 스펙트럼에서 우리 눈에 보이는 빛의 영역을 **가시광선**이라고 해요. 그리고 가시광선 외에도 빛이 있어요. 빨간색 바깥쪽에 있고, 눈에 보이지 않는 빛은 적외선이에요. 햇빛을 받았을 때 따뜻한 열을 느끼는 것은 바로 적외선 때문이지요. 반대로 보라색 바깥쪽에 있어서 눈에 보이지 않는 빛은 자외선(UV)이에요. 피부가 햇빛에 상하는 것은 자외선 때문이지요.

자외선은 여러 가지 화학 작용을 합니다. 피부를 그을리게 하거나 피부 깊숙이 침투해 흔적을 남기고 심한 경우 피부암을 일으킬 수 있어요. 자외선은 A, B, C로 나뉘는데 우리 피부에 영향을 미치는 것은 A와 B예요. 그래서 UVA(Ultraviolet A, 유브이에이)와 UVB(Ultraviolet B, 유브이비)를 함께 막을 수 있는 자외선 차단제를 바르는 것이 좋아요.

 양산을 고를 때 어떤 색이 좋을까?

비가 오는 날은 비를 막기 위해 우산을 쓰고, 햇빛이 강한 날에는 햇빛을 막기 위해 양산을 써요. 알록달록 여러 색의 양산 중 어떤 색의 양산을 고르는 게 가장 좋을까요?

양산의 바깥쪽은 가급적 햇빛을 많이 반사하는 것이 좋아요. 이때 알아야 할 것은 색은 물체에 반사한 빛이 우리 눈에 보이는 것이라는 사실! 흰색 양산은 모든 빛이 다 반사되어 합쳐진 흰색으로 보이는 거예요. 검은색 양산은 빛을 반사하지 않고 흡수해 검은색으로 보이지요.

그래서 양산의 바깥쪽은 흰색이나 흰색과 가까운 밝은색이 좋아요. 모든 빛을 반사해 튕겨 내니까요. 하지만 양산의 안쪽은 빛을 흡수하는 검은색이 좋아요. 만약 양산의 안쪽도 흰색이라면 반사된 빛이 모두 우리의 얼굴을 비출 테니까요.

그리고 양산이 우리 눈에 보이지 않는 자외선(UV)을 차단하는 기능이 있는지도 확인해야지요.

62 운동을 하고 난 뒤에 왜 목이 마를까?

운동하고 땀을 흘리고 나면 목이 말라요. 물은 우리 몸에 꼭 필요한 물질이기 때문에 땀으로 흘린 물을 보충해 줘야 하지요.

물은 우리 몸의 약 70%를 차지하고 있답니다. 물은 0℃에서 얼어 고체인 얼음이 되고, 100℃에서 끓어 기체인 수증기가 돼요. 그리고 0℃에서 100℃ 사이에서는 액체 상태로 존재해요.

물 덕분에 우리는 몸의 기능을 적절히 조절할 수 있어요. 몸에서 일어나는 다양한 화학 반응에는 물이 필요하거든요. 물은 금속과 달리 쉽게 온도가 변하지 않아요. 36.5℃로 항상 일정한 체온을 유지하기에 좋지요.

우리 몸에 물이 부족하면 탈수 증상이 생겨요. 운동 기능이 급격히 떨어지고 메스꺼움을 느끼거나 맥박과 호흡수가 늘어나요. 현기증이 나거나 무력감이 들고 심하면 사망에 이를 수도 있어요. 특히 운동할 때 조심해야 해요. 운동을 하면 체온이 올라가고, 체온을 조절하기 위해 땀을 배출해요. 땀을 많이 흘리면 탈수 증상이 쉽게 일어나기 때문에 운동을 한 다음에는 물을 꼭 마셔야 해요. 이때 전해질을 함께 섭취하면 탈수 증상을 예방하는 데 도움이 돼요.

전해질은 물에 녹아 **이온**으로 나누어져 전기가 통하는 물질로, 우리 몸의 기능을 조절하는 중요한 역할을 합니다. 소금이 대표적인 전해질이에요. 물에 녹으면 전기적 성질을 가진 염화 이온과 나트륨 이온으로 나누어지지요.

이처럼 물과 함께 전해질을 섭취하도록 한 음료가 이온 음료예요. 이온 음료는 1965년 미국에서 미식축구 팀을 위해 만들었답니다. 우리 몸에 꼭 필요한 나트륨 이온, 칼륨 이온, 포도당 등을 몸에서 흡수가 잘되도록 물에 녹였어요. 격렬한 운동을 한 뒤 땀으로 물과 함께 배출된 전해질을 잘 보충할 수 있도록 말이지요. 하지만 일상생활을 할 때는 물만으로도 충분하답니다.

핵심 개념
물 : 수소와 산소로 이루어진 상온에서 액체 상태인 물질
전해질 : 물에 녹아 이온으로 나누어져 전기가 통하는 물질
이온 : 전기적 성질을 가진 입자

63 운동장을 뛰고 나면 왜 숨이 찰까?

운동장을 한 바퀴 뛰면 숨이 가쁘고 심장이 쿵쾅거려요. 격렬한 운동을 한 뒤 호흡이 가쁘고 심장 박동이 빨라지는 것은 에너지를 만들어 내기 위해서예요.

호흡은 보통 숨을 들이마시고 내쉬는 것을 말해요. 각 세포에서 영양분과 산소로 에너지와 이산화 탄소를 만드는 일을 말하기도 해요. 운동을 해서 에너지를 다 소모하고 나면 새로운 에너지가 필요해요. 이때 우리 몸의 세포는 산소가 필요하답니다. 색도 냄새도 없는 산소는 전체 공기의 21%를 차지하는 기체로, 우리 몸에서 에너지를 만드는 데 꼭 필요하지요.

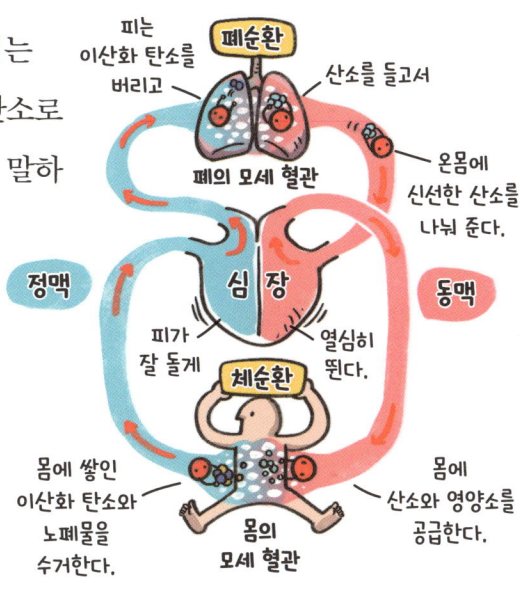

피가 우리 몸을 돌면서 하는 일

핵심 개념

호흡: 숨을 들이마시고 내쉬는 작용 또는 들이마신 산소로 에너지를 만들고 만들어진 이산화 탄소를 내뿜는 과정
체순환: 좌심실에서 나간 혈액이 온몸을 돌고 우심방으로 들어오는 순환
폐순환: 우심실에서 나간 혈액이 폐를 돌며 이산화 탄소와 산소를 교환하고 다시 좌심방으로 들어오는 순환

호흡기, 즉 코와 입과 폐는 바쁘게 숨을 들이마시고 내쉬면서 산소를 최대한 많이 들이마셔요. 호흡으로 폐에 산소를 채우면 이제 심장이 일할 차례예요. 들이마신 산소는 혈액을 통해 운반되기 때문에 심장은 힘찬 펌프질로 온몸 구석구석에 산소가 들어 있는 신선한 혈액을 보냅니다. 심장에서 나간 혈액이 온몸을 돌아 다시 심장으로 들어오는 것을 **체순환**이라고 합니다. 그리고 심장은 산소가 없는 혈액을 폐로 보내요. 혈액이 폐를 돌며 산소를 가지고 다시 심장으로 가는 것을 **폐순환**이라고 해요. 이 과정을 통해 세포에서는 산소로 다시 에너지를 만드는 거예요. 다시 뛸 수 있도록 말이지요.

식물도 호흡을 할까?

　식물도 동물처럼 호흡을 해요. 동물이 숨을 들이마시고 내쉬는 것처럼 산소를 받아들이고 이산화 탄소를 내뿜지요. 정확히 말해 산소를 흡수해 식물 속에 있는 포도당을 태워 에너지를 내는데, 이때 물과 이산화 탄소가 발생해요. 식물이 호흡을 하는 이유는 동물과 마찬가지예요. 식물도 자라면서 잎을 만들고 꽃을 피우고 열매를 맺는 데 에너지가 필요하기 때문이에요. 그래서 우리처럼 식물도 하루 종일 쉴 새 없이 호흡을 해요. 우리가 코나 입으로 공기를 들이마시는 것처럼 식물은 잎의 표면에 있는 기공으로 산소를 흡수하고 이산화 탄소를 내뿜어요.

　간혹 식물이 낮에는 광합성을 하고 밤에만 호흡을 한다고 착각하기도 해요. 광합성은 이산화 탄소와 물과 햇빛으로 포도당과 산소를 만드는 과정으로, 호흡과 반대의 과정이니까요. 하지만 낮 동안에는 광합성으로 만들고 내보내는 산소가 더 많아서 호흡을 안 하는 것처럼 보이는 거예요. 식물도 낮이나 밤이나 상관없이 우리가 숨 쉬듯 호흡한답니다.

64 그림자는 왜 한낮에 짧아졌다가 저녁에 길어질까?

점심시간에 운동장에 서 있으면 내 그림자의 길이가 매우 짧은 것을 볼 수 있어요. 오후가 될수록 그림자는 점점 길어져요. 이렇게 그림자의 길이가 달라지는 것은 그림자를 만드는 햇빛 때문이에요.

그림자를 보려면 빛이 있어야 해요. **빛**은 우리 눈을 자극해 사물을 볼 수 있게 해요. 빛은 앞으로 곧게 나아가는 성질이 있기 때문에 물체가 있으면 피하지 못하고 그늘을 만들어요. 이 그늘이 빛의 반대편에 생기는 그림자랍니다.

그림자가 생기는 곳은 빛이 오는 태양의 위치에 따라 달라져요. 지구는 하루에 한 번 스스로 시계 반대 방향으로 돌며 자전해요. 그래서 중위도에 사는 우리가 볼 때 태양은 동쪽에서 떠서 서쪽으로 져요. 아침에 동쪽에서 뜬 해는 점심에 머리 위를 지나 저녁에는 서쪽 하늘로 지지요. 그러니까 아침에는 동쪽의 낮은 하늘에 있는 해가 나의 반대편에 그림자를 길게 만들고, 점심에 머리 위에 뜬 해는 바닥에 작은 그림자를 만

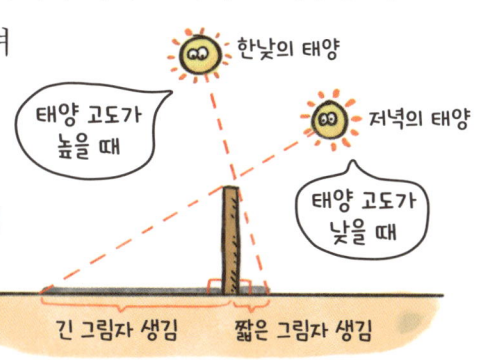

그래서 아침, 저녁에는 그림자가 길구나!

> **핵심 개념**
> **빛** : 눈을 자극해 사물을 볼 수 있게 하는 것
> **태양의 고도** : 태양이 지표면과 이루는 각

들어요. 그리고 다시 저녁이 되면 서쪽의 낮은 하늘에서 나를 비추므로 그림자가 동쪽으로 길게 생깁니다. 태양이 떠 있는 높이인 **태양의 고도**에 따라 그림자의 길이가 달라지는 거랍니다.

 더 알아보기 135쪽을 읽어 보세요!

일식과 월식

물체의 그림자는 빛이 비치는 반대편에 생겨요. 지구도 마찬가지예요. 태양 주변을 돌고 있는 지구와 지구 주변을 돌고 있는 달이 태양, 지구, 달 순서로 늘어설 때가 있어요. 이때 태양으로부터 온 빛을 지구가 가리면서 태양의 반대편에 지구 그림자가 생겨요. 달이 지구 그림자 안에 위치할 때 태양 빛이 닿지 않아서 달이 보이지 않아요. 지구 그림자 안에 달이 완전히 들어가면 달이 보이지 않는 개기 월식이고, 지구 그림자 안에 달이 일부만 들어가면 달이 일부분만 가려진 부분 월식이 돼요.

월식처럼 태양도 일부 혹은 전부 보이지 않을 때가 있어요. 태양, 달, 지구의 순으로 늘어섰을 때 달이 태양을 가리는 일식이지요. 달의 그림자 안에 있으면, 태양이 완전히 보이지 않는 개기 일식이고, 달의 반그림자 안에 있다면 태양이 일부 보이지 않는 부분 일식이 돼요. 물론 실제로는 태양이 달보다 훨씬 커요. 하지만 태양이 멀리 있고, 달이 가까이 있기 때문에 작은 달로도 태양이 완전히 가려진답니다.

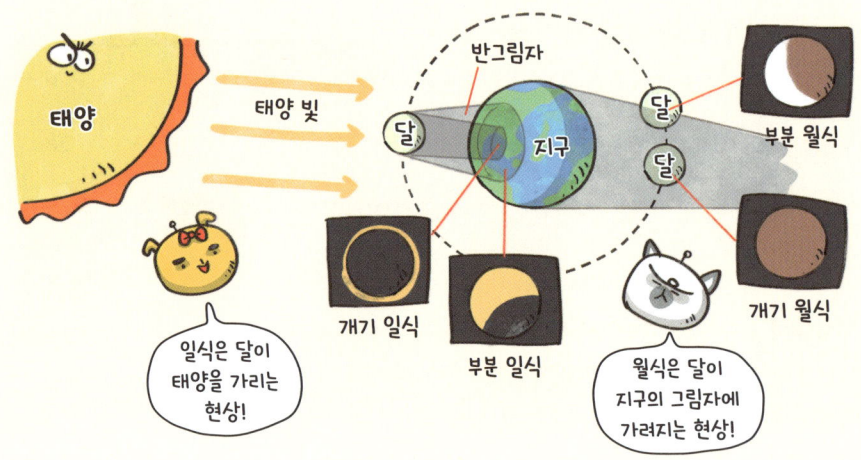

134

65 여름 방학에 친구와 축구하려면 몇 시에 만나는 것이 좋을까?

무더운 여름날에는 아무리 재미있는 체육 시간이라 해도 운동장에 나가기 싫어요. 체육을 오전에 수업한다면 다행이지만, 오후에 해야 한다면 푹푹 찌는 더위에 땀을 뻘뻘 흘려야 할 거예요. 그런데 점심시간에 뛰어놀 때보다 오후 체육 시간이 더 덥다는 사실! 태양이 가장 높이 뜨는 때는 오후 12시예요. 머리 위에서 햇빛이 내리쬐어 더 많은 열을 받지요. 하지만 기온을 관측해 보면 기온이 더 높은 시간은 낮 12시가 아니라 오후 3시 전후랍니다.

온도계는 온도를 측정하는 기구예요. 그리고 **온도**는 물체의 차갑고 뜨거운 정도를 말하지요. 온도계로 기온을 재면 점심시간보다 오후 3시쯤이 더 높다는 것을 알 수 있어요. 오후 3시의 기온이 가장 높은 것은 햇빛이 지구에 도달한 뒤 지표면을 데우는 데 시간이 걸리기 때문이랍니다.

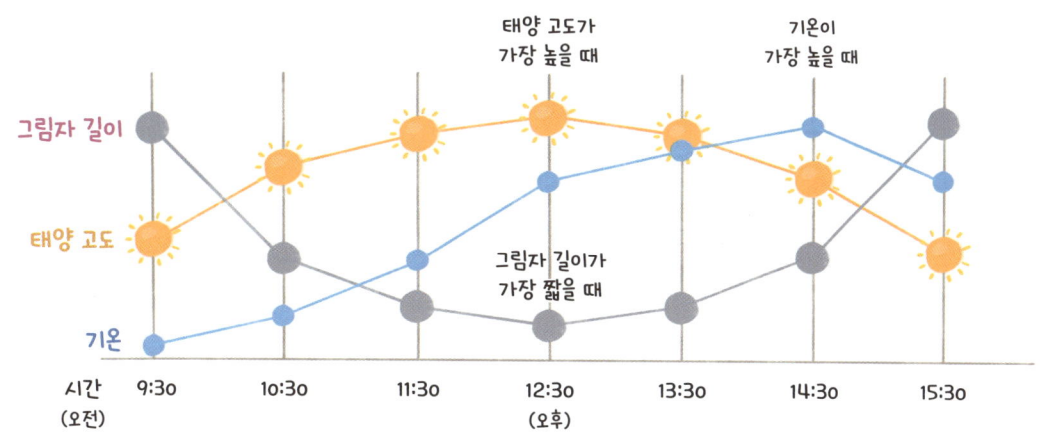

측정 시각에 따른 그림자 길이, 태양 고도, 기온의 변화

하루 중 기온의 변화를 살펴볼까요? 아침에 동쪽에서 태양이 뜨면 지표면이 뜨거워지기 시작해요. 태양은 낮 12시에 가장 높은 곳에 떠 있어요. 기온이 점점 올라서 낮 3시쯤에 기온이 가장 높답니다. 이제 태양이 서쪽으로 지면서 이에 따라 기온이 점점 내려가요. 기온이 가장 낮을 때는 언제일까요? 해가 진 직후? 깜깜한 밤 12시? 둘 다 아니에요. 햇빛이 지표면을 데우기 전, 바로 태양이 뜨기 직전이나 직후랍니다. 이렇게 태양의 움직임을 생각해 본다면 한여름에 축구를 하거나 야외 활동을 하려면 오전이나 오후 늦은 시간을 잡는 것이 좋아요. 가장 더운 오후 3시를 피해 약속을 잡는 것이 가장 좋지요.

핵심 개념

온도계 : 온도를 측정하는 기구
온도 : 물체의 차갑고 뜨거운 정도

66

날씨가 왜 점점 이상해지는 걸까?

전 세계적으로 홍수, 가뭄, 태풍과 산불이 더 잦아졌다는 뉴스를 본 적 있지요? 북극의 빙하가 녹아서 북극곰들이 갈 곳을 잃었다는 뉴스도 본 적 있을 거예요. 평소와 달리 날씨가 점점 이상해지는 것은 지구가 더워지고 있기 때문이에요. 지구의 평균 기온이 높아지는 것을 **지구 온난화** 현상이라고 하지요.

지구 온난화 현상이 일어나는 이유는 대기 중에 이산화 탄소, 메탄과 같이 지구를 덥게 하는 기체가 많아졌기 때문이에요. 화력 발전소에서 전기를 만들 때나 자동차나 비행기에서 나오는 배기가스, 난방용 연료 등에서도 이산화 탄소가 배출돼요.

이산화 탄소는 지구가 태양으로부터 받아들인 열을 지구 밖으로 내보내지 않고 가두어요. 그래서 지구의 기온이 계속 올라간답니다. 마치 유리온실에서 햇빛이 유리에 부딪쳐 다시 들어와 더

> **핵심 개념**
> **지구 온난화** : 환경이 파괴되어 지구의 평균 기온이 높아지는 현상
> **온실 효과** : 온실처럼 지구의 기온이 높아지는 현상

워시는 것처럼 밀이에요. 그래서 지구 온난화를 일으키는 현상을 **온실 효과**라고 하고, 온실 효과를 일으키는 기체를 온실가스라고 해요. 온실가스에는 이산화 탄소, 메탄, 아산화 질소, 과불화 탄소, 수소 불화 탄소, 육불화황 따위가 있어요. 지구 온난화로 생긴 피해는 북극곰뿐만 아니라 인간도 고스란히 받고 있어요.

지구에 양산을 씌운다면?

지구 온난화를 막기 위해서는 온실가스를 줄여야 해요. 온실가스 중 인간 활동으로 자꾸 늘어나고 있는 이산화 탄소, 즉 탄소를 줄여야 하지요. 안타깝게도 이미 지구의 연간 평균 기온이 산업화 이전과 비교했을 때 벌써 1.5℃ 넘게 높아졌다고 해요.

과학자들은 지구 온난화를 해결할 여러 방법을 찾고 있어요. 먼저 지구 위에 커다란 양산을 씌우자는 아이디어가 있었어요. 태양열을 어느 정도만 막아도 지구 온난화도 줄어들 테니 말이지요. 1989년 약 2,000km 크기의 얇은 유리 차양막을 지구 밖에 띄우는 연구를 했어요. 띄운다면 햇빛의 약 1.8%를 줄일 수 있다고 예상했지만, 구체적인 방법은 제시하지 못했어요.

2006년에는 아주 작은 비행체들로 이루어진 우주 차양막 구름을 만들자는 의견이 있었어요. 이 방법으로는 햇빛의 약 2%를 줄일 수 있다고 예상했어요. 하지만 차양막 자체가 너무 무거워 실현 가능성이 낮다는 계산이 나왔어요. 그래서 실리콘으로 만든 아주 얇지만 브라질만큼 큰 크기의 공기 방울을 만들어 뗏목처럼 엮고 우주 현장에서 직접 완성하자는 계획을 세웠어요. 하지만 이때 태양열을 막아서 더 추워지는 곳이 있을 수 있다는 것도 고려해야 하지요.

이런 멋진 상상들이 현실이 되어 지구 온난화가 멈추면 좋을 거예요. 하지만 현재 지구에서 탄소 배출을 줄이는 일도 멈출 수 없겠지요?

태풍은 어디에서 오는 걸까?

여름철이면 일기 예보에서 태풍이 온다는 소식을 자주 들을 수 있어요. 그리고 태풍으로 많은 재산 피해와 인명 피해를 입기도 하지요. **태풍**은 중심부의 속도가 초속 17.2m 이상이며 큰 폭풍우를 동반하는 **열대 저기압**을 말해요. 열대 저기압은 적도 부근의 열대 지방에서 발생한 저기압이라는 뜻이에요. 저기압은 주변보다 기압이 낮아서 중심부에서 공기가 위로 상승하는 곳이지요. 열대 저기압인 태풍은 주로 7월에서 9월 사이에 적도 부근에서 발생해서 북쪽으로 올라와요.

적도 부근 열대 지방은 아주 온도가 높아요. 바다의 온도가 27℃가 넘어가면 주변의 공기도 데워지고 데워진 공기는 위로 올라가요. 공기가 위로 올라간 빈 공간을 다른 공기가 채우고, 이 공기들도 뜨거운 태양열에 데워져 위로 높이 올라가는 것이 반복돼요. 이처럼 공기가 강하게 상승하면서 아래에는 저기압이 만들어지고, 하늘에는 크게 발달한 구름이 소용돌이치는 열대 저기압, 즉 태풍이 발달합니다. 보통 태풍의 크기는 수십 km나 되지요.

적도 부근에서 만들어진 태풍은 지구 자전의 영향을 받아 북쪽으로 올라온 뒤 무역풍과 편서풍을 타고 북동쪽으로 올라와요. 태풍이 사라지지 않고 적도

핵심 개념

태풍 : 중심에서 최대 풍속이 초속 17.2m 이상인 폭풍우를 동반하는 열대 저기압
열대 저기압 : 적도 부근 열대 지역의 따뜻한 바다에서 만들어진 저기압

에서 우리나라까지 올라올 수 있는 것은 바로 바다 때문이에요. 태풍은 올라오면서 적도 지방의 뜨거운 바다를 지나요. 이때 증발한 수증기가 높이 올라가 응결할 때 나오는 에너지를 원동력 삼아 이동한답니다.

태풍은 재산과 인명 피해를 크게 내지만 동시에 지구에서 중요한 역할을 하기도 해요. 적도 지방은 태양 빛을 많이 받아서 에너지가 쌓이는 반면 극지방은 태양 빛을 조금밖에 받지 못해서 에너지가 부족하지요. 태풍은 이렇게 적도의 남는 에너지를 극지방으로 옮겨 주는 역할을 한답니다.

 더 알아보기 186쪽을 읽어 보세요!

태풍이 없는 곳이 있을까?

지구는 23.5° 기울어진 채 자전해요. 지구의 자전축에 수직인 곳을 연결한 부분이 바로 위도 0°인 적도예요. 태풍은 위도 5°에서 25° 사이에서 발생해요. 적도에서 5° 사이에서는 수증기가 증발하는 힘도 약하지만 적도이기 때문에 하늘 높이 올라간 수증기에 회전력이 작용하지 않아요. 그래서 태풍이 발생하지 않지요.

반면 지구 자전에 의해 회전력이 작용해 큰 힘을 내는 바람의 종류에는 적도에서 조금 떨어진 바다에서 생성된 태풍, 대서양 서부에서 발생하는 허리케인, 남반구에 있는 호주 북부 해상에서 발생하는 윌리윌리 등이 있어요.

68 바다에 벼락이 치면 물고기도 감전될까?

비바람이 몰아칠 때 번개가 치기도 해요. **번개**는 공기가 급히 상승하는 곳에서 생겨요. 공기가 급히 상승할 때 매우 두터운 적운이 만들어져요. 이때 구름 위에는 양전하(+), 구름 아래에는 음전하(-)가 모인답니다. 각기 다른 전기가 많이 모이면 전기는 밖으로 방전되려는(흘러 나가려는) 성질이 있어요. 구름에 있는 음전하(-)가 방전되면 불꽃이 튕기는데, 이 불꽃이 번개랍니다. 벼락은 구름에 있는 음전하(-)가 아래로 방전되는 것이지요. **벼락**은 아주 높은 에너지를 가졌기 때문에 맞으면 위험해요. 그러므로 벼락이 칠 때는 큰 건물로 들어가는 것이 안전해요.

땅 위뿐 아니라 바다에도 벼락이 쳐요. 물은 전기가 잘 통하지만, 다행히 전기는 표면으로 흐르려는 성질이 있어요. 그래서 벼락이 치면 수면을 따라 빠르게 흩어진답니다. 이때 수면 가까이에 있는 물고기는 감전되겠지만, 깊이 들어가 있는 물고기는 대부분 안전해요. 그래서 물고기는 날씨가 좋지 않은 것을 미리 감지하고, 깊은 바다로 들어간답니다.

> **핵심 개념**
> **번개** : 구름과 구름 사이에 발생하는 방전 현상
> **벼락** : 구름과 땅 사이에 발생하는 방전 현상

번개의 정체를 알아낸 벤저민 프랭클린

번개가 무엇인지 알아내려고 실험을 한 사람은 미국의 아버지라고 불리는 벤저민 프랭클린 (1706~1790년)이에요. 미국 화폐 100달러에 등장하는 위인이에요. 벤저민 프랭클린은 하늘에서 치는 번개의 정체를 어떻게 알아냈을까요?

벤저민 프랭클린은 가난한 집안에서 자라 학교 교육을 제대로 받지 못했어요. 하지만 책 읽는 것을 무척 좋아해서 인쇄술을 익히고, 책 만드는 일을 했답니다. 또한 벤저민은 번개의 정체를 밝히기 위해 한 실험을 했어요. 천둥 번개가 치는 날 연줄 끝에 금속 열쇠를 매달고 기다렸어요. 구름에서 전기가 연줄로 내려와 열쇠에 모였어요. 열쇠에 손가락을 가까이 대자 작은 불꽃이 튀는 것을 확인했지요. 이로써 번개가 전기 현상임을 증명했어요.

이 실험으로 번개가 전기라는 것을 밝혀낸 벤저민은 영국 왕립 학회 회원으로 선정되었어요. 그리고 피뢰침을 발명해 건물에 벼락이 쳐도 안전할 수 있도록 했지요. 벼락이 건물에 치면 불이 나곤 했는데, 뾰족한 피뢰침으로 벼락의 전기를 땅으로 흘러 들어가도록 유도한 거랍니다.

69 종이비행기를 오래 날리려면 어떻게 접어야 할까?

사람이 타는 비행기나 종이비행기나 하늘을 나는 원리는 모두 같아요. 양력 덕분이지요. **양력**은 비행기를 공기 중에 띄우는 힘으로, 공기 중에서 움직이는 방향의 수직 방향으로 작용해요. 양력 외에 비행기에 작용하는 힘은 중력과 앞으로 나아가는 추진력, 그리고 운동 방향과 반대 방향으로 작용해 운동을 방해하는 **저항력**이 있어요.

보통 종이비행기는 몸통 전체가 날개로 이루어져 있어요. 종이비행기의 날개 면적은 비행기가 나는 시간과 관계 있어요. 날개 면적을 넓게 하면 위로 세워진 몸통 깊이가 얕아야 해요. 날개를 크게 만들면 양력도 커지지만, 저항력도 커지기 때문이에요. 양력이 크면 오래 날 수 있지만, 저항력이 커서 빠른 속도를 내지는 못하지요. 빠른 종이비행기를 만들려면 날개를 작게 하고 위로 세워진 몸통 깊이를 깊게 해서 빠르게 날리면 돼요.

무게 중심을 가운데에 두고 저항을 줄여야 멀리 날아가!

핵심 개념

양력 : 유체 속 움직이는 물체의 운동 방향과 수직으로 작용하는 힘
저항력 : 운동을 방해하는 힘

70 코끼리 코를 하고 뱅글뱅글 돌면 왜 어지러울까?

반 친구들과 단체 게임을 할 때 코끼리 코를 하고 돌아 본 적 있을 거예요. 한쪽 손으로 코를 잡고 다른 쪽 팔을 통과한 다음 허리를 숙여 뱅글뱅글 도는 것 말이지요. 그런데 코끼리 코를 하고 뱅글뱅글 열 바퀴쯤 돌고 나면 허리를 펴고 일어나도 똑바로 걷지 못하고 비틀거리거나 어지러워서 주저앉고 말아요. 이렇게 어지러움을 느끼는 것은 우리 몸에 평형 감각과 회전 감각을 느끼는 기관이 있기 때문이에요. 코로 냄새를 느끼고, 혀로 맛을 느끼는 것처럼 말이에요.

평형 감각을 느끼는 기관은 귀에 있어요. 귀의 안쪽 내이 깊숙이 있지요. 우리 몸의 평형 감각을 느끼는 기관은 **전정 기관**이에요. 전정 기관 안쪽에는 섬

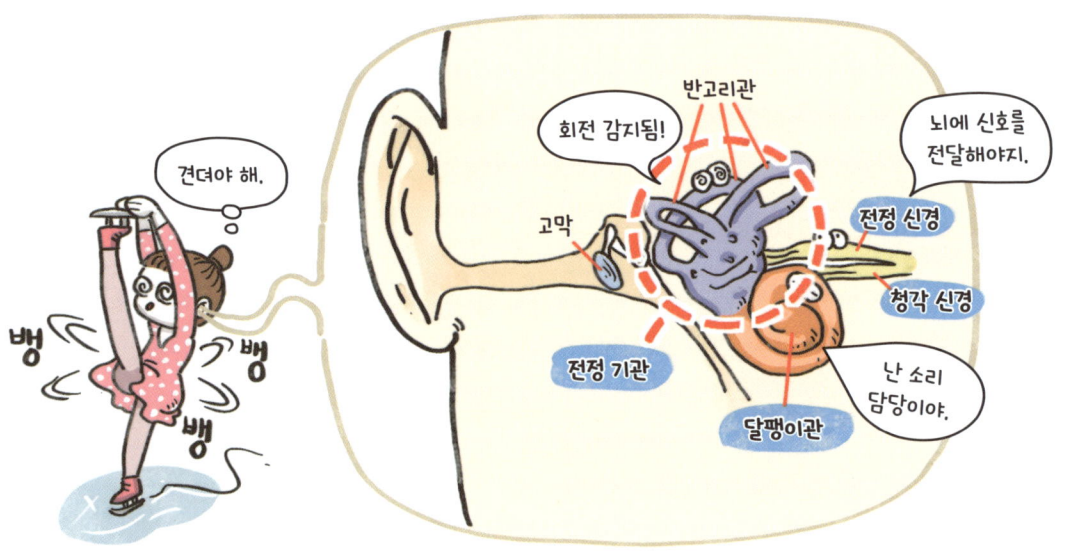

모가 나 있고 석회질의 작은 알갱이가 있어요. 중력에 따라 이 작은 알갱이의 움직임을 섬모가 알아채서 몸이 기울어져 있는지 알 수 있어요.

몸이 뱅글뱅글 도는 감각을 느끼는 것은 반고리관이에요. **반고리관**은 반원 모양의 세 개의 관이 세 방향으로 연결되어 있어요. 그 안에는 림프액이라는 액체가 차 있어서 몸이 회전하면 같이 뱅글뱅글 돌아요. 그러다 갑자기 멈추어도 림프액은 돌던 방향으로 계속 돌아요.

전정 기관과 반고리관에서 몸의 기울어짐이나 회전을 느끼면 전정 신경을 통해 이러한 감각을 뇌에 전달해요. 그러면 뇌의 명령에 따라 반사적으로 우리는 몸의 평형을 유지하도록 움직여요. 하지만 회전 감각이 뇌에 전달될 때 문제가 생겨요. 뱅글뱅글 돌다가 멈춘 순간 눈으로 본 세상의 모습이 뇌에 전달될 때 두 감각이 일치하지 않아 어지러움을 느끼는 것이랍니다. 그런데 뱅글뱅글 돌지 않아도 어지러움을 계속 느낀다면 다른 문제가 생긴 것일 수 있으니 병원에서 진료를 받아야 해요.

핵심 개념

전정 기관 : 몸의 움직임과 기울어짐의 평형 감각을 느끼는 기관
반고리관 : 귀 내이에 있는 반원 모양의 관

71 진공청소기는 어떻게 먼지를 빨아들일까?

진공청소기는 교실 바닥에 있는 작은 먼지까지 깨끗하게 빨아들여요. 진공청소기의 원리는 진공과 관련이 있어요. **진공**은 공기도 어떠한 입자도 없이 텅 빈 상태를 말해요. 우리 생활에서 완전한 진공인 경우는 드물어요. 진공 포장이라도 보통보다 공기가 적은 상태이지 아예 공기가 없지는 않거든요. 진공청소기 역시 마찬가지예요. 진공에 가까운 상태에서 **기압 차**로 먼지를 빨아들이지요.

진공청소기 내부에는 모터가 연결된 송풍 장치가 있어요. 송풍 장치의 프로펠러는 강하게 회전하면서 공기를 진공청소기 밖으로 뿜어내요. 그러면 내부는 바깥쪽보다 공기가 적어지고 기압이 훨씬 낮아져 진공에 가까운 상태가 됩니다. 공기는 기압이 높은 곳에서 낮은 곳으로 이동하기 때문에 흡입구를 통해 공기가 먼지와 함께 청소기 안으로 빨려 들어와요. 즉 기압 차로 먼지를 빨아들인 것이지요. 청소기 안으로 들어온 공기는 먼지 봉투의 미세한 구멍을 통해 밖으로 나가고 먼지만 먼지 봉투에 남게 된답니다.

> **핵심 개념**
> **진공**: 어떤 입자도 없이 비어 있는 공간
> **기압 차**: 공기의 압력 차이

72

우유 팩은 왜 따로 분리배출해야 할까?

급식 우유를 먹고 나면 빈 우유 팩을 따로 모아 분리배출을 해야 해요. 이때 빈 우유 팩은 일반 폐지로 분류하면 안 돼요. 우유 팩은 음료가 새지 않도록 안쪽이 알루미늄이나 비닐로 코팅이 되어 있기 때문이지요. 이렇게 코팅된 우유 팩을 일반 폐지와 함께 버리면, 쓰레기로 분리되어 버려져요. 하지만 우유 팩은 고급 펄프로 만들어져 있어서 한 번 쓰고 버리기에는 아깝답니다.

펄프는 종이의 재료가 되는 물질로 식물에서 얻어요. 식물에서 추출한 펄프를 종이로 만들려면 많은 에너지가 들어가요. 펄프처럼 인간 생활에 이용되는 원료를 **자원**이라고 하는데, 지구의 자원은 한정되어 있어요. 또 자원을 필요한 물품으로 만들고 폐기하는 데에도 많은 에너지가 들어가지요. 그래서 자원을

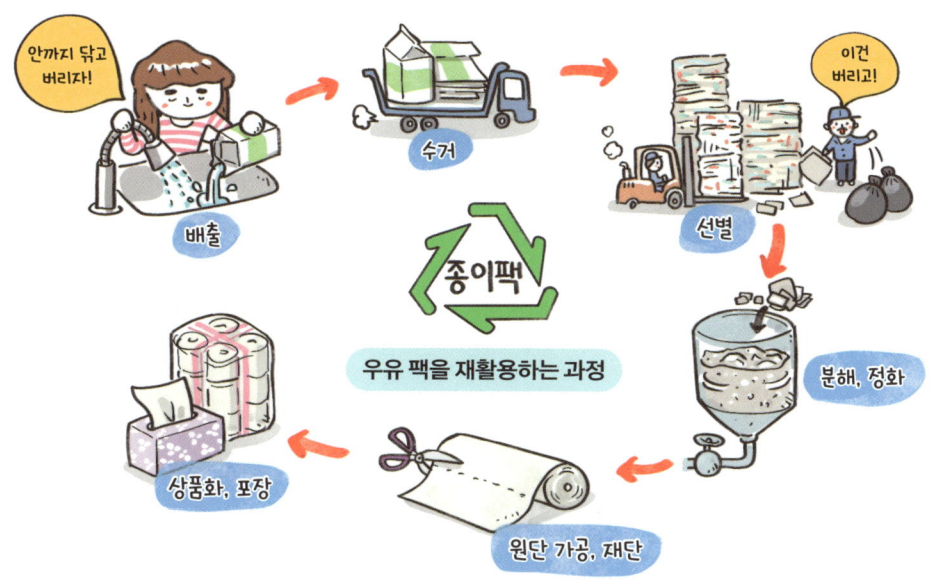

우유 팩을 재활용하는 과정

재활용해 사용하는 일은 인간에게도 자연에도 꼭 필요해요.

 귀찮더라도 빈 우유 팩은 잘 펴서 씻어 말린 다음, 따로 분리배출해야 해요. 그러면 재활용 센터에서 모은 우유 팩에서 이물질을 제거하고 물에 넣어 짓이긴 다음 펄프와 비닐을 분리해요. 그다음 수산화 나트륨을 넣어 우유 팩에 인쇄된 잉크 및 불순물을 제거하고, 순수한 펄프를 얻기 위해 분리되지 않은 섬유를 제거해요. 남은 펄프를 물에 건져 얇고 넓게 펴서 말리면, 화장지의 원단이 돼요. 그리고 알맞은 크기로 잘라 말아 놓은 것이 재생 화장지이지요. 이렇게 자원을 재활용해 사용하면 펄프를 얻기 위해 나무를 베는 일도 줄어 자원 낭비를 덜하고, 환경 오염도 줄일 수 있어요.

> **핵심 개념**
>
> **자원** : 인간 생활에 이용되는 원료를 통틀어 이르는 말
> **재활용** : 쓰레기를 다시 쓸 수 있도록 바꾸는 과정

73 유리 세정제는 어떻게 유리창을 깨끗하게 닦을까?

교실 유리창에서 잘 지워지지 않는 얼룩을 발견했다면 파란색 유리 세정제를 유리창에 뿌린 뒤 걸레로 닦아 보세요. 얼룩이 잘 지워질 거예요. 유리 세정제는 염기성 물질이에요. **염기**는 쓴맛이 나고, 만지면 미끌미끌하며 단백질을 녹이는 성질을 가진 물질이에요. 대표적인 염기는 암모니아, 수산화 나트륨 등이 있는데 이러한 성분이 들어간 비누, 세제, 표백제도 염기성 물질이에요. 단백질 성분이 있는 얼룩을 유리 세정제로 깨끗이 지울 수 있지요.

반면에 **산**은 산성을 띠는 물질이에요. 신맛이 나고, 금속을 녹여요. 산에는 염산, 황산, 아세트산 등이 있고, 이러한 성분이 들어간 식초, 탄산음료도 산성 물질이에요. 산성과 염기성을 구분하기 위해서 리트머스 종이, 페놀프탈레인 용액, BTB 용액 같은 지시약이 사용돼요.

산성 물질은 파란색 리트머스 종이를 붉게 만들고, 염기성 물질은 붉은색 리트머스 종이를 푸르게 만들어요.

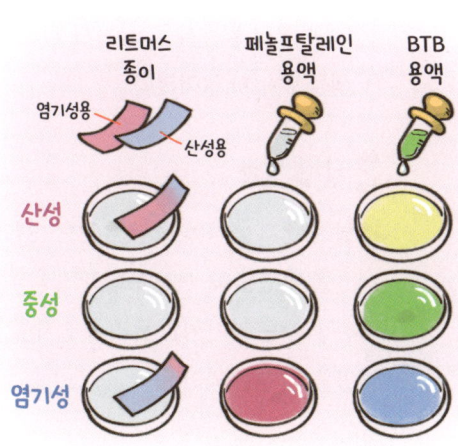

> **핵심 개념**
> **염기**: 물에 녹아 수산화 이온을 내는 물질
> **산**: 물에 녹아 수소 이온을 내는 물질

벚꽃을 만들어요!

준비물 : 습자지, 철사, 페놀프탈레인 용액, 메틸 오렌지 용액, 식초, 유리 세정제

실험 방법

① 습자지를 꽃잎 모양으로 만든다.
② 꽃잎의 아래 부분을 철사로 묶고 꽃을 만든다.
③ 꽃을 네 송이 만든다.
④ 두 송이의 꽃은 페놀프탈레인 용액에 적신 뒤 말리고, 두 송이의 꽃은 메틸 오렌지 용액에 적신 뒤 말린다.
⑤ 페놀프탈레인 용액에 적신 꽃 한 송이와 메틸 오렌지 용액에 적신 꽃 한 송이에 식초를 뿌린다.
⑥ 페놀프탈레인 용액에 적신 꽃 한 송이와 메틸 오렌지 용액에 적신 꽃 한 송이에 유리 세정제를 뿌린다.
⑦ 어떤 꽃이 붉은색을 띠는지 지켜보고, 어떤 용액과 지시약이 만났을 때 붉은색을 띠는지 알아본다.

실험 결과

메틸 오렌지 용액에 적신 꽃에는 산성인 식초를 뿌렸을 때, 페놀프탈레인 용액에 적신 꽃에는 염기성인 유리 세정제를 뿌렸을 때 붉은색이 된다.

74 팔뚝의 혈관은 왜 푸르게 보일까?

교실 유리창을 열심히 닦았다면 팔뚝을 한번 보세요. 혈관이 도드라져 있지요? 그런데 신기하게도 팔뚝의 혈관은 늘 푸른색이에요. 손등이나 손목에 보이는 가느다란 혈관도 언제 봐도 푸른색이에요. 혈액은 분명 붉은색인데 말이지요.

혈액은 혈관 속을 흐르는 액체로 온몸을 돌며 산소와 영양소를 공급하고, 이산화 탄소와 같은 노폐물을 운반해요. 액체 성분인 혈장과 고체 성분인 혈구로 이루어져 있지요. 혈장은 대부분 물로 되어 있고, 영양소와 노폐물이 녹아 있어요. 혈구에는 적혈구, 백혈구, 혈소판이 있어요.

백혈구는 우리 몸에 들어온 세균을 잡아먹고, 혈소판은 상처가 나면 혈액이 굳어 더 이상 혈액이 흐르지 않도록 해요. 그리고 적혈구는 온몸의 세포로 산소를 운반한답니다.

> **핵심 개념**
> **혈액** : 온몸의 세포에 산소와 영양소를 공급하고 노폐물을 운반하는 액체
> **정맥** : 몸의 각 부분에서 혈액을 모아 심장으로 보내는 혈관

산소를 운반하는 적혈구가 붉은색이기 때문에 혈액이 붉은색인 거예요. 산소를 가진 혈액은 심장에서 뻗어 나가는 동맥을 따라 온몸을 이동해요. 동맥은 혈관 벽이 두꺼워서 혈관 속을 흐르는 혈액의 색이 보이지 않아요.

반면에 온몸의 세포에 산소를 주고 이산화 탄소를 받은 혈액은 **정맥**을 따라 폐로 들어와요. 이때 산소 없이 이산화 탄소를 운반하는 혈액은 검붉은색이랍니다. 정맥은 혈관 벽이 얇아서 혈액의 색이 보여요. 그래서 우리 눈에 보이는 푸른색 혈관은 모두 정맥이에요.

그런데 혈액은 산소를 운반하건, 이산화 탄소를 운반하건 붉거나 검붉다고 했던 것 기억하지요? 검붉은 혈액이 흐르는 정맥이 푸르게 보이는 이유는 붉은색 빛이 피부에 흡수되기 때문이에요. 반면 푸른색 빛은 피부를 지나기 때문에 혈관이 푸르게 보여요. 그러니 '내 혈관이 이상한 건가?', '내가 푸른색 피가 흐르는 외계인은 아닐까?' 하는 걱정은 접어 두어도 돼요. 혈관은 푸르게 보여도 실제 흐르는 혈액은 붉거나 검붉은색이니까요.

👉 **더 알아보기** 131쪽을 읽어 보세요!

4장

밤하늘에 달이 뜰 때까지 과학으로 가득 찬 하루!

"국그릇은 왜 혼자 움직이지?", "해가 질 때 하늘은 왜 빨갛지?" 놀다 보니 벌써 저녁이에요. 놀 때는 왜 시간이 더 빨리 가는 것인지 모르겠어요. 집에 들어가니 로봇 청소기가 열심히 돌아다니고 있어요. 우리 집 고양이 미미 털 때문일 거예요. 씻으면서 아이돌 노래를 불렀는데 세상에! 오늘은 내가 노래를 좀 하더라고요. 저녁엔 가족끼리 별똥별을 보기로 했어요. 아빠 말로는 오늘 밤이 별똥별이 아주 잘 보이는 날이래요. 그나저나 별똥별은 떨어지면 어떻게 되는 걸까요? 오늘도 알차게 놀았어요! 내일은 또 무슨 재미난 일이 기다리고 있을까요?

75 분식집 국그릇은 왜 자꾸 혼자 미끄러질까?

하굣길에 친구들과 나눠 먹는 떡볶이의 맛은 꿀맛이에요. 따뜻한 어묵 국물도 빼놓을 수 없지요. 그런데 분식집 어묵 국물이 담긴 국그릇이 혼자 미끄러지듯 움직일 때가 있어서 깜짝 놀라곤 해요. 이유가 무엇일까요?

플라스틱 국그릇이 혼자 미끄러지듯 움직이는 이유는 국그릇의 구조와 관련 있어요. 국그릇을 거꾸로 뒤집어 보면 둥근 국그릇을 받치는 낮은 굽이 있어요. 굽 안쪽이 비어 있지요. 국그릇을 탁자에 놓을 때 굽 안쪽에 **공기**가 들어가요. 그런데 **기체**는 온도가 높을수록 부피가 커져요. 뜨거운 국물 때문에 온도가 높아진 굽 안쪽에 있는 공기는 부피가 커져 국그릇을 밀어 올리게 되는 거예요. 마치 끓고 있는 주전자 뚜껑이 들썩이는 것처럼 말이에요.

또한 행주질을 자주 한 분식집 탁자에는 물기가 많아요. 물기 때문에 마찰력도 작아져 국그릇이 혼자 움직이게 된 거랍니다.

> **핵심 개념**
> **공기** : 지구를 둘러싸고 있는 기체
> **기체** : 일정한 모양과 부피를 갖지 않고 공기처럼 분자의 움직임이 자유로운 물질의 상태

76 옆집 강아지는 왜 나만 보면 꼬리를 흔들까?

집에 가는 길에 만나는 옆집 강아지는 만날 때마다 꼬리를 흔들어요. 왜 꼬리를 흔드는 것일까요? 정말로 반가워서 흔드는 건지 알아볼까요?

사람과 더불어 사는 **반려동물**은 행동으로 감정을 알려요. 개는 꼬리로 방향을 바꾸거나 몸의 균형을 잡지만, 감정을 알리는 역할도 한답니다. 새끼 강아지는 다른 강아지들과 서로 어울리며 감정을 나누고 **의사소통**하는 법을 배워요. 강아지가 양쪽으로 꼬리를 크게 흔든다면 아주 기분이 좋다는 뜻이에요. 그러니까 집에 가는 길에 만나는 강아지가 매일 꼬리를 크게 흔든다면, 반갑다는 이야기예요.

하지만 고양이는 개와 달라요. 동물마다 의사소통 방법이 다르거든요. 고양이가 꼬리를 세우고 꼬리털을 부풀리면 화났다는 뜻이에요. 반면 꼬리를 세운 채 살랑살랑 흔드는 것은 반갑다는 의미예요.

> **핵심 개념**
> **반려동물** : 사람과 정서적 교감을 나누며 함께 생활하는 동물
> **의사소통** : 생각이나 감정 등을 서로 나누는 행위

77 단풍나무 씨앗에는 왜 날개가 있을까?

단풍나무의 붉게 물든 잎도 여름에는 초록색이랍니다. 초여름에 초록빛 단풍나무 아래에서 위를 올려다보면 초록색 잎 아래쪽에 붉은색의 작은 날개들이 달려 있는 것을 볼 수 있어요. 단풍나무에 무슨 날개냐고요? 날개처럼 생긴 단풍나무의 씨앗이랍니다.

단풍나무 씨앗과 날개

모든 식물과 동물은 자손을 유지하고 그 수를 늘리려고 **번식**해요. 단풍나무도 번식하기 위해 씨앗을 만들어요. **씨앗**은 꽃이 지면 만들어져요. 새로운 식물이 될 부분이지요. 단풍나무의 유전 정보를 그대로 담고 있어서 새로운 단풍나무로 자라날 수 있어요. 하지만 식물은 동물처럼 움직일 수 없어 씨앗이 멀리 퍼지기 어려워요.

이런 문제점을 극복하기 위해 식물은 여러 가지 방법을 선택해요. 어떤 식물의 씨앗은 가시를 달았는데 동물의 털에 붙어 옮겨져요. 또 어떤 씨앗은 달콤한 열매 속에 들어 있어요 새와 같은 동물이 열매를 먹고 날아다니며 똥을

> **핵심 개념**
> **번식** : 식물이나 동물이 자손을 유지하고 수를 늘리는 현상
> **씨앗** : 앞으로 새로운 식물이 될 것

누어 씨앗을 멀리 퍼뜨리지요.

단풍나무 씨앗은 두 개의 씨앗이 붙어 있고, 납작하고 기다란 날개가 달린 모양이에요. 씨앗이 바람을 타고 널리 날아갈 수 있도록 말이에요. 씨앗은 바람을 타고 멀리 날아가면서 분리되기도 해요. 분리되어 하나의 씨앗을 품은 날개는 뱅글뱅글 회전하며 바닥으로 떨어져요. 마치 헬리콥터의 날개가 회전하는 것처럼 말이에요. 이렇게 회전하면 날개가 없는 씨앗보다 더 천천히 바닥으로 떨어지기 때문에 바람에 실려 더 멀리 날아갈 수 있답니다. 우리가 지금까지 단풍나무를 세계 곳곳에서 볼 수 있는 것은 단풍나무의 영리한 번식 전략 때문이에요.

 어떤 것이 씨앗일까?

식물의 종류가 다양한 만큼 씨앗도 다양한 모양과 색을 갖고 있어요. 과일처럼 과육이 많은 열매는 동물에게 먹혀 널리 퍼지고, 단풍나무처럼 마른 열매들은 바람이나 동물의 털에 의해 퍼뜨려져요. 또 봉숭아처럼 열매껍질이 터져 씨앗을 널리 퍼뜨리기도 하지요. 이렇게 다양한 씨앗에도 공통점은 있어요. 배와 배젖으로 이루어져 있다는 거예요. 배에는 잎, 줄기, 뿌리 같은 기관으로 자라날 조직이 들어 있고, 배젖에는 양분이 담겨 있다는 점이지요. 콩, 해바라기 같은 식물은 떡잎에 양분을 저장하기도 합니다.

해가 질 때 서쪽 하늘은 왜 붉게 물드는 걸까?

놀이터에서 놀다 서쪽 하늘이 붉게 물들면 집에 갈 시간이에요. 해가 질 무렵 서쪽 하늘이 붉게 물드는 현상을 **노을**이라고 하지요.

하늘의 색이 변하는 것은 빛의 산란과 관련 있어요. **산란**은 빛이 물체에 부딪쳐 여러 방향으로 흩어지는 현상을 말해요. 산란하는 빛 중에서 파장이 짧은 파란색과 보라색이 가장 많이 산란해요. 그런데 우리 눈은 파란색에 민감하기 때문에 하늘이 파란색으로 보이는 거예요.

구름 속 수증기에 부딪힌 햇빛은 여러 방향으로 산란하고 그 빛들이 합쳐져 우리 눈에 구름이 흰색으로 보여요. 해 질 녘이 되면 햇빛은 서쪽 하늘에서 낮게 들어와 대기를 통과하는 길이가 길어지는데, 파장이 짧은 파란색은 흩어지고 파장이 긴 붉은색만 지표면에 닿아 붉게 노을이 진답니다.

핵심 개념

노을 : 해가 뜨거나 질 무렵 서쪽 하늘이 붉게 물드는 현상
산란 : 빛이 물체에 부딪쳐 여러 방향으로 흩어지는 현상

79. 잎이 다 떨어진 가로수는 겨울을 날 수 있을까?

하굣길 가로수의 모습은 계절마다 달라요. 봄에는 연두색 새잎이 나고, 여름은 초록색 잎이 무성하지요. 가을이 되면 잎이 모두 떨어져 길에는 **낙엽**이 많이 쌓여요. 그렇다 보니 겨울에는 앙상한 나뭇가지만 남아 추운 겨울을 어떻게 날지 걱정될 때가 있어요.

놀랍게도 나무는 겨울을 나려고 낙엽을 떨어뜨려요. 잎을 떨어뜨려 나무에서 더 이상 물이 빠져나가지 않도록 하지요. 햇빛도 약하고 추운 겨울 동안 생명 활동을 최소화해서 에너지를 줄이는 거예요.

대신 나무는 여름부터 겨울눈을 만들어 다음 봄을 준비해요. **겨울눈**은 나무가 겨울을 나기 위한 구조로 잎으로 날 부분과 꽃으로 필 부분이 있어요. 개나리, 벚나무, 목련은 겨울 동안 꽃눈을 키워요. 꽃눈에는 꽃잎, 수술, 암술 같은 꽃의 조직이 모두 숨어 있어요. 꽃눈을 두꺼운 껍질과 털로 둘러 추위로부터 보호해요. 이른 봄이면 잎이 나기 전에 꽃을 피울 수 있도록 말이지요.

겨울눈의 구조 (눈비늘 조각, 꽃잎, 암술, 꽃받침, 수술, 꽃자루)

아! 따뜻해. 일어날 때인가?

> **핵심 개념**
> **낙엽**: 잎이 떨어지는 현상
> **겨울눈**: 나무가 겨울을 지내기 위해 만드는 구조

80 지문 인식 잠금장치를 다른 사람이 열 수 있을까?

집에 들어가기 위해 비밀번호를 누를 때면, 누가 볼까 봐 손으로 가릴 때가 있지요? 비밀번호만 알면 누구나 잠금장치를 열 수 있으니까요. 그래서 스마트폰에는 지문이나 얼굴을 인식해 열고 잠그는 잠금 기능이 개발되었어요.

지문은 손가락 끝마디의 바닥 면에 있는 곡선 무늬를 말해요. 물건을 잡기 쉽도록 선이 가늘게 나 있어요. 불규칙한 여러 무늬로 이루어져 있지요. 지문은 사람마다 모두 다르며 영원히 변하지 않아요. 유전자가 똑같은 일란성 쌍둥이라 하더라도 같지 않아요. 그래서 지문은 수십억 인구 중에 나만이 가지는 고유한 정보랍니다. 지문으로 여는 잠금장치는 나만 열 수 있지요.

이렇게 사람마다 다른 생체 정보에는 지문, 홍채, 손바닥과 손등의 정맥 패턴 등이 있어요. 개인의 고유한 생체 정보를 이용한 인증 방식을 **생체 인식**이라 하고, 첨단 기술에 많이 쓰인답니다. 생체 인식 기술은 다른 사람이 대신 할 수 없고, 나와 타인을 구별해 주는 기술이에요.

> **핵심 개념**
> **지문** : 손가락 끝마디의 바닥 면에 있는 곡선 무늬
> **생체 인식** : 개인의 고유한 생체 정보를 이용하는 인증 방식

81 식빵을 오래 두면 왜 곰팡이가 생길까?

먹다 남은 식빵을 며칠씩 식탁 위에 두면 **곰팡이**가 펴요. 이때 곰팡이를 자세히 살펴보면 가느다랗고 폭신폭신해 보이는 실을 볼 수 있어요. 현미경으로 곰팡이를 자세히 보면 길쭉한 세포가 세로로 연결되어 실 같은 모양을 하고 있는데, 이를 균사라고 한답니다.

곰팡이의 종류는 다양해요. 검은곰팡이, 털곰팡이, 푸른곰팡이 등 이름으로 알 수 있듯이 색과 모양이 다르지요. 또 피부에 생기는 곰팡이, 음식에 생기는 곰팡이 등 서식하는 곳도 모두 달라요. 보통은 습하고 어두운 곳을 좋아해요. 그래서 환기가 되지 않는 습한 공간에서 곰팡이가 피기 쉬워요.

음식에 흔히 피는 곰팡이 중에 푸른곰팡이가 있어요. 푸른곰팡이는 빗자루 모양으로 생겼어요. 그리고 이름은 푸른곰팡이지만 청록색, 녹색, 황록색, 갈색 등 여러 색을 띠어요. 이런 곰팡이는 대부분 몸에 해로워요. 피부병을 일으키거나 호흡기에 들어가면 호흡기 질환을 일으키

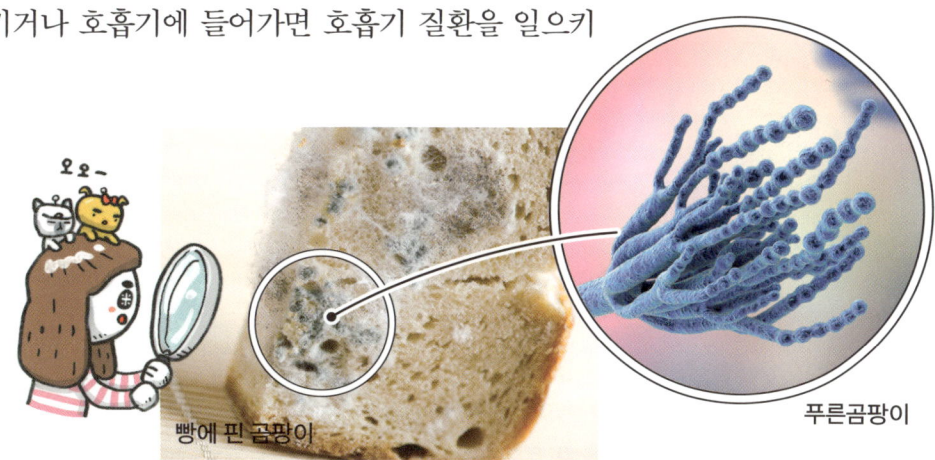

빵에 핀 곰팡이

푸른곰팡이

지요. 또 곰팡이 핀 음식을 먹으면 식중독에 걸릴 수도 있어요. 하지만 모든 곰팡이가 해롭기만 한 것은 아니에요. 푸른곰팡이를 배양하여 얻은 항생 물질인 페니실린은 세균의 감염을 치료하는 중요한 약재로 쓰이고 있어요. 곰팡이가 이로운 면도 있는 거지요.

생태계 전체에서 보면 곰팡이는 아주 중요한 역할을 하고 있답니다. 곰팡이는 버섯, 세균과 함께 **분해자**예요. 태양 에너지로부터 영양분을 만드는 식물은 생산자이고, 식물을 먹고 사는 동물은 소비자랍니다. 분해자도 생산자, 소비자와 함께 생태계를 구성하고 있어요. 분해자는 식물이나 동물의 사체를 분해해서 다시 자연으로 돌려보내는 일을 한답니다. 만약 분해자가 없다면 지구에는 생물의 사체가 가득할 거예요. 그러니까 곰팡이도 자연에서는 매우 중요한 존재랍니다.

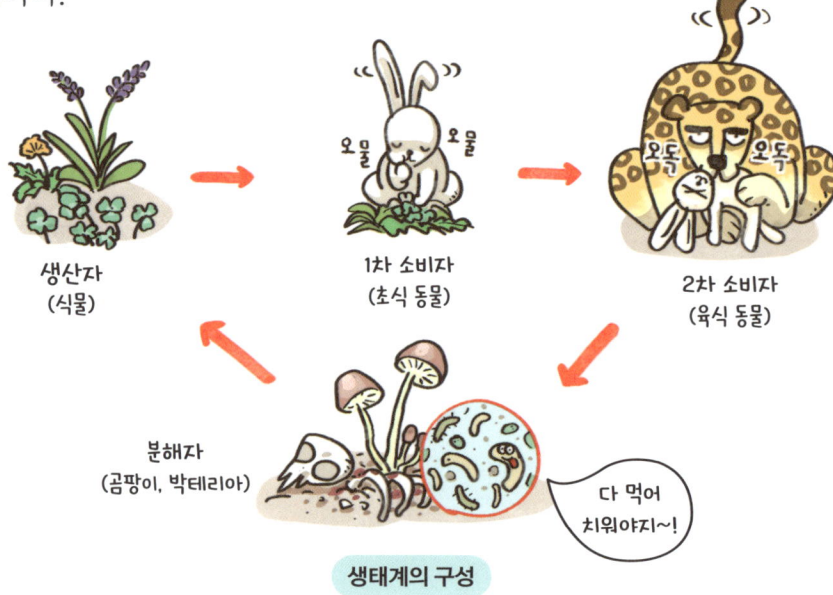

생태계의 구성

핵심 개념

곰팡이: 어둡고 습기찬 곳에서 사는 균사로 된 몸을 가진 생물
분해자: 생물의 사체나 배설물을 분해하는 생물

실수로 발견한 페니실린

영국의 미생물학자인 알렉산더 플레밍은 여러 개의 배양 접시에 미생물을 키우며 미생물 성장을 억제하는 물질을 찾고 있었어요.

1928년 여름, 플레밍은 포도상 구균을 배양하는 배양 접시를 배양기 밖에 둔 것을 잊고 휴가를 떠났지요. 휴가에서 돌아온 플레밍은 포도상 구균은 사라지고 곰팡이만 남아 있는 것을 발견했어요. 그의 실수로 실험이 실패한 것이었어요. 하지만 그는 낙담하지 않고 포도상 구균이 왜 죽었는지, 곰팡이랑 어떤 연관이 있는지 원인을 찾았어요.

휴가 동안 아래층 곰팡이가 공기를 타고 올라와 플레밍의 배양 접시에 자리를 잡고 포도상 구균을 먹어 치웠기 때문이었지요. 플레밍이 그토록 찾고 있던 미생물 억제 물질을 찾은 거예요. 플레밍은 이 곰팡이에서 뽑은 항생 물질을 페니실린이라 이름 지었어요. 이렇게 발견한 페니실린은 항생제로 세균을 죽이며 인류의 건강을 지키고 있어요. 휴가를 떠나기 직전까지 연구를 놓지 않았던 플레밍은 실수로 인한 실패에도 포기하지 않고, 페니실린 발견이라는 성공을 이끌었답니다.

알렉산더 플레밍

페니실린

오이 피클은 왜 오래 보관해도 상하지 않을까?

오이를 냉장고에 넣지 않고 그대로 두면 상해서 먹을 수 없어요. 하지만 오이를 소금, 설탕, 식초에 절여 만든 피클은 실온에 오래 두어도 상하지 않는답니다. 왜 그럴까요?

음식이 상하는 현상, 다시 말해 음식의 **부패**를 일으키는 건 다양한 미생물이에요. 눈에 보이지 않을 만큼 작은 미생물은 다양한 종류가 있으며 서로 다른 특징을 가집니다. 어떤 미생물은 음식을 부패시켜 불쾌한 냄새나 맛을 나게 하거나 독성 물질을 만들며 음식을 상하게 해요.

미생물은 적절한 온도와 수분이 있는 곳에서 활동해요. 그래서 음식을 오래 보관하려면 수분을 줄여야 해요. 육포처럼 건조하면 음식에 수분이 없어서 미생물의 작용을 막을 수 있지요. 오이 피클도 마찬가지예요. 오이에서 수분을 줄여 미생물의 증식을 막는 거예요.

오이 피클을 만들려면 소금, 설탕, 식초, 물을 섞어 오이를 담가요. 이때 피클 물의 소금과 설탕의 농도는 높지만 오이는 농도가 낮아요. 농도는 용액의 진하기를 말해요. 이렇게 농도 차이가 나면 소금과 설탕이 농도가 높은 쪽에서 낮은 쪽으로 이동하며 농도가 같아지려고 해요. 그런데 오이의 세포를 둘러싼 세포막은 크기가 작은 입자는 통과시키고 크기가 큰 입자는 통과시키지 못한답니다. 분자 크기가 작은 물은 통과하고 분자 크기가 큰 소금이나 설탕은 통과하지 못하지요. 그래서 농도가 같아지기 위해 오이에서 물이 밖으로 빠져나온답니다.

물이 빠진 오이는 쭈글쭈글해지고 미생물이 살기 어려워지지요. 이처럼 입자의 크기가 작은 것만 통과하는 막을 사이에 두고 농도가 낮은 쪽에서 농도가 높은 쪽으로 물이 이동하는 현상을 **삼투 현상**이라고 해요. 삼투 현상 때문에 미생물의 활동을 막고 음식을 오래 보관할 수 있는 거예요. 김치를 담글 때 배추를 소금에 절이는 것도 같은 원리랍니다.

이러한 삼투 현상은 실생활에서 흔히 볼 수 있어요. 목욕탕에 오래 있으면 손가락 끝이 쭈글쭈글해지는 것도 바로 삼투 현상 때문이에요. 피부를 사이에 두고 몸의 안쪽은 농도가 높고 물은 농도가 낮기 때문에 물이 몸 안으로 들어와요. 이때 피부의 가장 겉 부분인 표피에서 물을 흡수하기 때문에 손가락이 쭈글쭈글해진답니다. 그리고 우리 몸이 항상 일정한 상태를 유지하는 데에도 삼투 현상이 적용되지요. 혈액 속에서 나트륨 농도가 높아지면 세포 속 물이 빠져나와 세포가 쪼그라들고, 혈액 속 나트륨 농도가 낮아지면 세포 안으로 물이 들어와 팽창한답니다.

핵심 개념

부패 : 음식이 미생물에 의해 상하는 것
삼투 현상 : 반투과성 막을 사이에 두고 농도가 낮은 곳에서 높은 곳으로 물이 이동하는 현상

83 세탁기는 어떻게 빙글빙글 돌아갈까?

땀이 잔뜩 밴 체육복은 세탁기에 넣고 돌려요. 세탁기의 역할은 때를 빼는 일! 세탁기에는 두 가지 종류가 있어요. 위에 문이 달려 있고 세탁조(통)가 수직으로 서서 돌아가는 통돌이 세탁기와 앞에 문이 달려 있어서 세탁조가 수평으로 누워서 돌아가는 드럼 세탁기예요. 통돌이 세탁기는 세탁조가 돌아가면서 바깥쪽으로 힘을 받는 **원심력**에 의해 때가 빠져요. 드럼 세탁기는 세탁조가 돌아가면서 빨래가 떨어지는 낙차(높낮이 차이)와 마찰로 때가 빠지지요. 이 두 방식의 공통점은 세탁조가 빙글빙글 돌아간다는 거예요. 모터, 즉 전동기에 의해서요.

전동기는 전류가 흐르는 도체를 자석 속에 넣으면 힘을 받는 현상을 이용해 회전하게 만드는 장치예요. 세탁기, 선풍기, 헤어드라이어, 냉장고, 에어컨처럼 전기 에너지로 회전하게 하는 장치에 모두 쓰여요.

전류가 흐르면서 회전축을 회전시켜요!

전동기의 원리

전류 방향

핵심 개념

원심력 : 원운동을 하는 물체가 바깥쪽으로 받는 힘
전동기 : 전류가 흐르는 도체가 자기장 속에서 받는 힘을 이용해 전기 에너지로 회전 운동하게 하는 장치

84 목욕하고 나면 왜 욕실 거울에 김이 서릴까?

욕실에서 따뜻한 물로 샤워하고 나면 거울이 뿌옇게 변해 있어요. 얼굴이 안 보일 정도로 뿌옇지만, 손으로 문지르거나 수건으로 닦으면 다시 맑게 얼굴을 보여 주지요. 거울이 뿌옇게 변하는 것은 욕실에 있던 **수증기**가 차가운 거울에 닿아 온도가 내려갔기 때문이에요. 공기 중에 있던 기체인 수증기가 액체인 작은 물방울로 변한 것이지요. 이처럼 어떤 물질이 기체 상태에서 액체 상태로 변하는 것을 응결이라고 해요. 그리고 수증기가 응결된 작은 물방울을 **김**이라고 한답니다. 보통 '김이 서린다.'라고 하지요.

응결 현상은 자연에서도 볼 수 있어요. 김이 서리듯 이른 새벽 풀잎에 이슬이 맺히는 것도 같은 현상이에요. 공기 중에 있던 수증기가 차가운 풀잎에 닿아 작은 물방울로 응결한 것이지요. 안개는 수증기가 지표면 근처에서 응결해 공기 중에 작은 물방울로 떠 있는 상태를 말한답니다.

집 안에서도 응결 현상을 볼 수 있어요. 더운 날 차가운 음료가 담긴 플라

핵심 개념

수증기 : 기체 상태의 물
김 : 수증기가 공기 중에서 응결되어 액체가 된 작은 물방울

스틱 컵을 상온에 두거나 냉장고에서 꺼낸 시원한 물을 유리컵에 따라 두었을 때 잠시 뒤 컵에 물방울이 맺혀요. 송글송글 땀이 나는 것 같지요. 그렇다 해서 컵에서 음료나 물이 새는 것은 아닌지 걱정하지 않아도 돼요. 공기 중에 있던 수증기가 차가운 컵 표면에 닿아 물방울로 응결한 것이니까요.

> 더 알아보기 45쪽을 읽어 보세요!

김을 안 서리게 하려면?

욕실 거울에 김이 서리는 것처럼 추운 날 따뜻한 집 안으로 들어가면 안경이 뿌옇게 흐려진 적 있을 거예요. 김이 모락모락 올라오는 뜨거운 라면을 먹을 때도 안경이 뿌얘져요. 추운 겨울 자동차 유리도 마찬가지예요. 바깥 공기는 차갑고 차 안쪽 공기는 따뜻하기 때문에 김이 서리는 거랍니다. 이런 김 때문에 시야가 불편해져요. 그래서 안경이나 자동차 유리에 김 서림 방지제를 발라요.

김 서림 방지제에는 주방 세제처럼 계면 활성제 성분이 들어 있어요. 계면 활성제는 물에 녹기 쉬운 부분과 기름에 녹기 쉬운 부분으로 구성된 물질이에요. 이때 계면 활성제 속 물에 녹기 쉬운 부분이 물끼리 뭉치려는 힘을 약하게 해요. 물방울들이 뭉치지 못하고 아래로 미끄러지면서 거울을 깨끗하게 볼 수 있지요.

85 주방 세제는 어떻게 기름기를 말끔히 없애는 걸까?

저녁으로 맛있게 먹은 삼겹살! 하지만 삼겹살을 먹은 접시를 설거지하는 일은 쉽지 않아요. 접시에 미끌미끌한 삼겹살 기름이 잔뜩 묻어 있기 때문이지요. 이 기름은 뜨거운 물에도 잘 녹지 않아서 수세미에 주방 세제를 묻혀 거품을 낸 뒤 열심히 닦고 헹구어야 기름기가 말끔히 없어져요.

주방 세제가 기름기를 없앨 수 있는 이유는 **계면 활성제**가 들어 있기 때문이랍니다. 계면 활성제는 물과 기름이 섞이도록 하는 **유화제**의 역할을 하는 물질이에요. 물과 기름은 섞이지 않는 물질이지만, 계면 활성제는 물과 기름의 경계면을 허물어서 섞이게 합니다. 계면 활성제는 물과 결합하는 부분과 기름과 결합하는 부분을 동시에 갖고 있어요. 계면 활성제의 한쪽은 접시에 묻은 기름기와 결합하고 한쪽은 물과 결합해 기름기가 물에 씻겨 나갈 수 있도록 하지요. 주방 세제뿐 아니라 대부분의 비누와 세제에는 계면 활성제가 들어 있어요. 그래서 기름기나 기름때를 깨끗이 없애 준답니다.

계면 활성제의 원리

핵심 개념
- **계면 활성제**: 물과 결합하는 부분과 기름과 결합하는 부분을 동시에 갖는 물질
- **유화제**: 물과 기름 등 섞이지 않는 두 액체를 잘 섞이도록 하는 물질

86 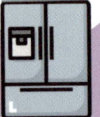 냉장고는 어떻게 계속 차가울까?

　더운 여름 집에 들어오자마자 찾는 것은 냉장고예요. 냉장고 문을 열면 시원한 냉기도 쐬고, 차가운 음료수도 마실 수 있으니까요. 냉장고는 아무리 더운 날씨에도 늘 차가운 상태를 유지해요. 어떤 원리 때문일까요?

　냉장고 안에는 길고 가느다란 관이 냉장고 전체를 감싸고 있어요. 그리고 이 관 안에는 냉매가 계속 흘러요. 냉매는 냉각할 때 열을 빼앗는 물질을 말해요. 냉매는 관을 지나는 동안 압축기, 응축기, 모세관, 증발기를 지난답니다. 그동안 냉매는 액체 상태가 되었다가 기체 상태가 되었다가 다시 액체 상태가 되는 것을 끊임없이 반복해요.

　액체 상태인 물질이 기체 상태로 변하는 것을 **기화**라고 해요. 그리고 물질이 기화하려면 열이 필요하답니다. 액체인 물이 수증기가 되려면 열을 가해

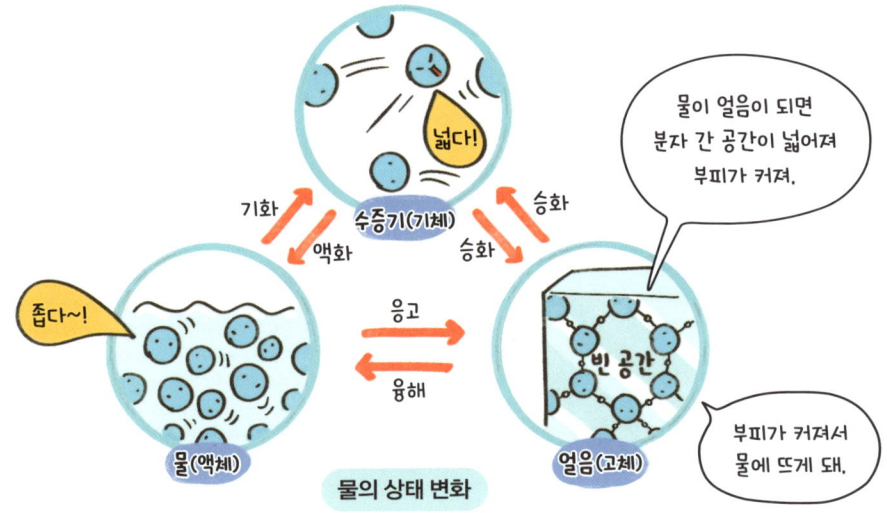

물의 상태 변화

끓여 주어야 하는 것처럼 말이에요. 하지만 냉매가 기화될 때는 주변에서 열을 흡수해야 해요. 그래서 냉매가 액체에서 기체로 되는 구간에서는 주변의 열을 흡수해 냉장고가 시원해진답니다.

기체 상태인 물질이 액체 상태로 변하는 것을 **액화**라고 해요. 그리고 물질이 액화되려면 열을 내보내야 한답니다. 기체 상태인 냉매가 다시 액체 상태가 되려면 열을 내보내야 해요. 액화가 일어나는 부분은 냉장고 뒤쪽에 있답니다. 그래서 냉장고 뒤쪽은 항상 따뜻한 열이 발생하지요. 냉장고 뒤쪽에서 액체가 된 냉매는 다시 주변의 열을 흡수해 기체로 변하고, 냉장고 안은 다시 차가워진답니다.

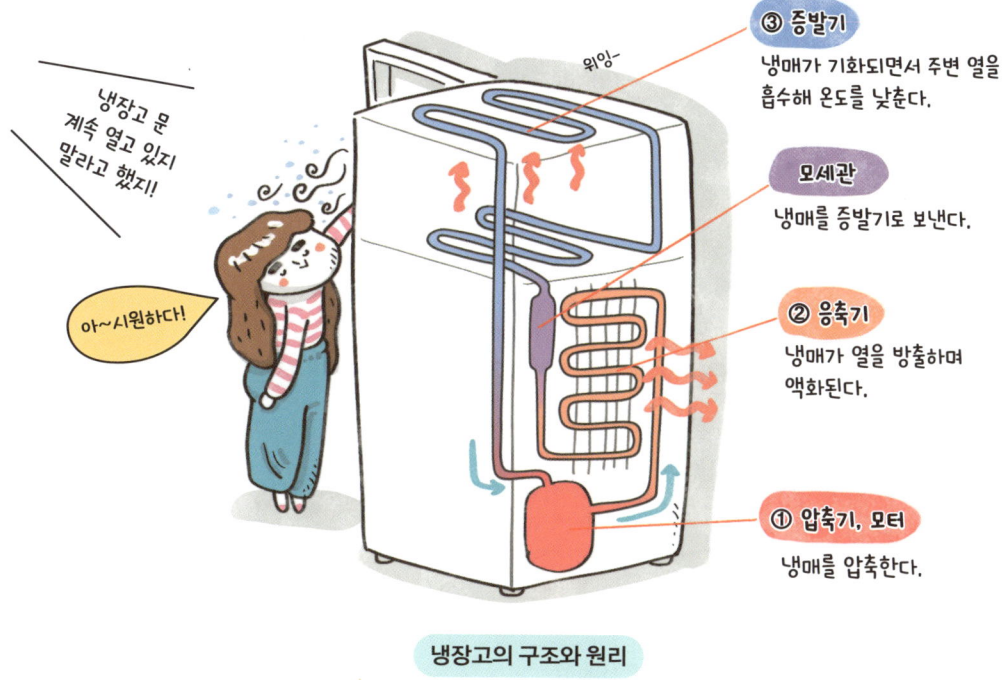

냉장고의 구조와 원리

> **핵심 개념**
> **기화** : 물질이 액체 상태에서 기체 상태로 변하는 현상
> **액화** : 물질이 기체 상태에서 액체 상태로 변하는 현상

87

무릎 보호대는 정말 무릎을 보호해 줄까?

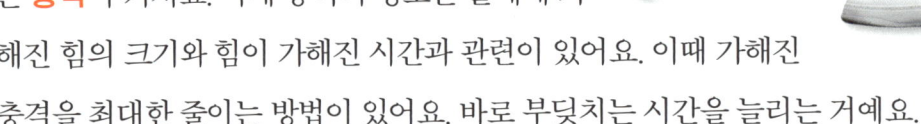

자전거를 탈 때 무릎 보호대를 잊지 마세요! 성장판이 있는 무릎을 다치면 키가 잘 안 클 수도 있거든요. 무릎 보호대는 무릎 관절과 연골에 가해지는 충격을 어떻게 줄이는 걸까요?

어떤 물체가 서로 부딪치는 것을 **충돌**이라고 해요. 충돌한 물체는 충격을 받게 되는데, **질량**이 큰 물체가 빠른 속도로 달려와 부딪칠수록 받는 **충격**이 커져요. 이때 충격의 정도는 물체에 가해진 힘의 크기와 힘이 가해진 시간과 관련이 있어요. 이때 가해진 충격을 최대한 줄이는 방법이 있어요. 바로 부딪치는 시간을 늘리는 거예요.

달걀을 바닥에 떨어뜨릴 때와 푹신한 방석 위에 떨어뜨릴 때를 상상해 보세요. 같은 높이에서 같은 달걀을 떨어뜨릴 때 딱딱한 유리 바닥에 떨어지면 부딪치는 시간이 짧고 달걀은 커다란 힘을 받아 깨져요. 하지만 푹신한 방석 위에 떨어뜨린다면 달걀이 푹신한 방석을 미는 동안 천천히 부딪치면서 받는 힘이 줄어들지요. 그래서 달걀이 깨지지 않아요.

자동차의 에어백도 이러한 원리를 이용해요. 자동차가 어딘가

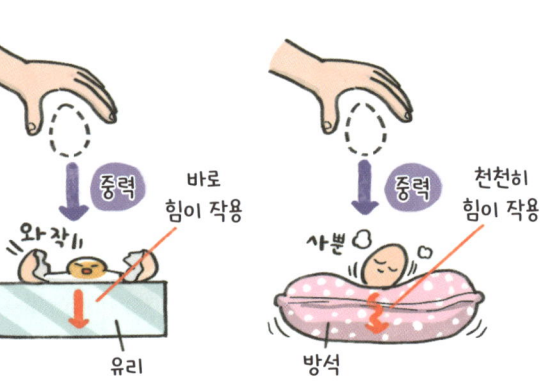

에 부딪힌다면, 관성에 따라 타고 있는 사람은 앞으로 몸이 쏠리면서 크게 다쳐요. 하지만 에어백이 있다면 에어백이 충격을 덜 받게 해 주지요. 무릎 보호대도 마찬가지예요. 푹신한 무릎 보호대가 충돌하는 시간을 늘려 줘서 충격의 힘을 적게 받도록 한답니다.

자동차 에어백

우리 관절에 있는 연골도 이런 충격을 줄이는 역할을 합니다. 연골은 뼈의 관절면을 감싸고 있어요. 매끄럽고 단단하지만 탄력이 좋은 조직으로 되어 있어요. 그래서 우리 몸을 지지하고 관절이 흔들리지 않게 고정하는 역할도 하고, 충격을 흡수하고 힘을 나누어 주는 역할도 합니다. 특히 무릎은 우리 몸무게를 오랜 시간 지탱해야 하니까 연골의 역할이 중요하지요. 그렇다고 연골이 모든 충격으로부터 보호해 주는 것은 아니에요. 그래서 높이 뛰었다 착지할 때는 무릎을 구부려 주는 자세를 취하면서 충격을 받는 시간을 최대한 늘려 충격을 줄이도록 해야 해요.

핵심 개념

충돌: 운동하는 두 물체가 가까이 접근해 서로 부딪치는 것
질량: 어떤 물체를 이루고 있는 물질의 고유한 양
충격: 물체에 급격히 가해지는 힘

88 뜨거운 수돗물은 왜 뿌옇게 나올까?

겨울에 목욕을 하려고 욕조에 물을 받으면 수도꼭지에서 뿌연 물이 나올 때가 있어요. 잠시 두면 다시 맑아지니 걱정할 필요는 없어요. 뿌연 물이 나오는 이유는 물속에 들어 있던 아주 작은 공기 방울 때문이랍니다.

욕실의 물을 데우는 장치는 보일러예요. 수도에서 나온 차가운 물이 보일러를 지나며 뜨겁게 가열되지요. 그런데 물이 지나는 관은 아주 얇아서 뜨거워진 물이 좁은 관을 지날 때 높은 압력을 받아요. 이때 보일러 관에 있던 공기가 물에 더 많이 **용해**된답니다. 어떤 물질이 다른 물질로 녹아 들어가는 것을 용해라고 해요. 기체인 공기도 물에 용해될 수 있지요. 고체가 용해될 때와는 달리 기체는 온도가 낮고 압력이 높을수록 더 많이 용해됩니다. 좁은 보일러 관의 압력이 높아서 물에 더 많은 공기가 용해돼요. 뜨거운 물이 보일러를 지나 수도꼭지로 나오면 압력이 낮아지므로 물에 녹아 있던 공기는 더 이상 녹지 못하고 물과 함께 나오게 됩니다. 이때 작

압력에 의해 물속으로 공기가 녹아 들어간다.

압력이 낮아져서 물속에 녹아 있던 공기가 빠져나와 공기 방울이 된다.

뜨거운 물이 나오는 원리

핵심 개념

용해 : 한 물질이 다른 물질로 녹아 들어가는 것
난반사 : 거친 표면에 빛이 반사될 때 다양한 방향으로 빛이 반사되는 현상

은 공기 방울들이 거품을 일으키기 때문에 물이 뿌옇게 보이는 거예요.

그런데 거품은 왜 뿌연 하얀색으로 보이는 걸까요? 물에서 나오는 공기 방울, 즉 거품의 표면이 매끄럽지 않기 때문에 빛이 여러 방향으로 불규칙하게 **난반사**된답니다. 난반사로 반사된 여러 빛이 다 합쳐져서 흰색으로 뿌옇게 보이는 거랍니다. 모든 빛을 합치면 흰색이 되니까요. 하지만 물을 오래 두어도 뿌옇다면, 수도관에 문제가 있는 것이니 주의해야 해요!

> 더 알아보기 90쪽을 읽어 보세요!

뜨끈뜨끈 온돌

요즘은 집 안을 따뜻하게 하려고 보일러를 써요. 방바닥 아래에 물이 지나는 관이 깔려 있는데, 보일러가 관을 가열해 물을 데우고 데워진 물이 관을 흐르며 집을 따뜻하게 해 줘요. 하지만 보일러가 없던 옛날에도 집을 따뜻하게 하는 장치가 있었어요. 바로 온돌이지요. 온돌은 우리나라의 전통적인 난방 장치예요. 집을 지을 때부터 온돌을 설계하고 지었답니다.

먼저 아궁이에 불을 때면 열이 방바닥 아래를 지나며 구들장을 데워요. 데워진 구들장은 방 전체에 열을 전달하지요. 이런 방법으로 난방을 하기 위해 방 옆에는 주방을 두어 아궁이에 불을 땔 수 있도록 했어요. 그리고 굴뚝을 설치해 불을 땔 때 나는 연기를 밖으로 나갈 수 있도록 했어요.

3D 안경을 쓰고 영화를 보면 어떻게 입체로 보이는 걸까?

공룡이 나오거나 넓은 우주 공간을 날아다니는 영화는 3D 영화로 보면 더 실감이 나요. 3D는 3차원(three dimension)이라는 뜻으로 우리가 사는 입체 공간을 말해요.

1차원부터 이해해 볼까요? 하얀 종이 위에 직선을 하나 그리고 직선 위에 점을 하나 찍어요. 이 점은 직선 위에서만 좌우로 움직일 수 있어요. 이렇게 직선 위에서 한 방향으로만 움직일 수 있는 것을 1차원이라고 해요.

이제 종이 위에 사각형을 하나 그리고 사각형 위에 점을 하나 찍어요. 이 점은 사각형 안에서는 상하, 좌우 자유롭게 움직일 수 있어요. 이처럼 평면 위에서만 움직이는 것이 바로 2차원이에요.

우리가 사는 세계는 시간을 고려하지 않았을 때 상하, 좌우, 앞뒤 모두 세 방향으로 움직일 수 있어요. 이러한 입체 공간을 **3차원**이라고 해요.

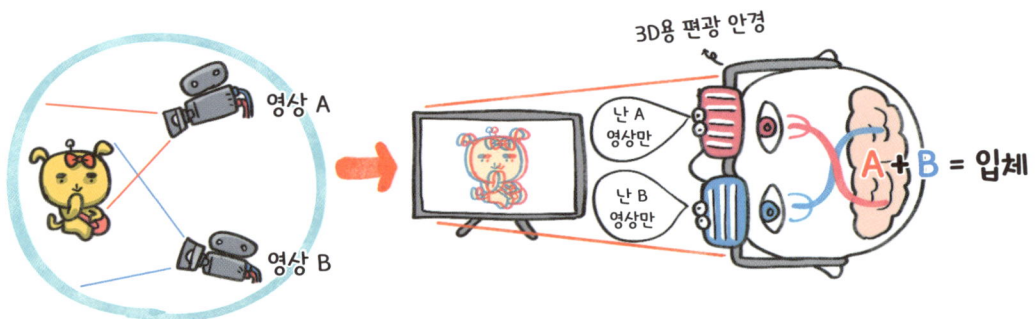

3D 입체 영상의 원리

영화는 3차원 사람들이 움직이는 것을 찍었지만, 2차원 평면의 스크린 위에 상영돼요. 그래서 우리가 보는 영화는 보통 모두 2차원 영화예요. 실제 우리가 사는 입체 공간보다 한 차원의 정보가 줄어든 채로 보여지는 거예요.

3D 안경

3차원 영화를 만들기 위해서는 카메라가 두 대 필요해요. 우리는 두 눈으로 사물을 보는데, 두 눈의 위치가 다르기 때문에 두뇌에서는 양쪽 눈이 보내온 **시각** 정보를 합쳐서 입체로 느끼게 되지요. 이와 같은 원리를 이용해 한 장면을 찍을 때 두 대의 카메라를 양쪽에 놓고 찍은 다음 이를 합치면 우리 뇌가 느끼는 3차원 입체가 되는 거예요. 하지만 양쪽의 카메라로 찍은 사진을 그대로 합치기만 하면 우리 눈에는 영상이 겹친 듯 흔들린 상태로만 보여요. 한쪽 방향의 빛만 받아들이는 3D용 편광 안경이나 셔터 글라스 안경을 쓰고 봐야 멋진 3D 입체 영화를 볼 수 있어요.

그렇다면 4D 영화는 무엇일까요? 4D 영화는 3차원 입체 영상에 물리적인 효과를 더해 주는 영화를 말해요. 영화의 장면에 따라 마치 놀이공원에서 놀이기구를 탄 듯 좌석이 움직이는 것처럼 말이에요. 또 영화 속에서 나오는 냄새를 직접 영화관에 풍겨 관객이 시각 외의 감각도 느낄 수 있도록 한답니다. 더욱 실감 나는 영화를 즐길 수 있도록 말이지요!

> **핵심 개념**
>
> **3차원 (3D)** : 우리가 살고 있는 입체 공간
> **시각** : 눈으로 사물을 보는 감각

90 로봇 청소기는 어떻게 장애물을 알고 피할까?

로봇 청소기

로봇 청소기는 혼자 다니며 바닥에 떨어진 과자 부스러기를 알아서 청소해요. 바닥에 있는 책이나 의자 같은 장애물도 알아서 피하지요.

로봇 청소기가 장애물을 피하는 것은 사람의 눈 같은 감각 기관인 센서를 갖고 있기 때문이에요. **센서**는 온도, 압력, 속도 등의 변화를 감지하고 전기 신호로 바꾸는 장치를 말해요. 로봇 청소기는 적외선을 주변에 쏘아 사물에 부딪혀 들어오는 적외선을 센서로 감지한답니다. 마치 박쥐처럼 말이에요. 캄캄한 동굴에 사는 박쥐는 눈이 발달하지 않아서 앞을 볼 수 없어요. 이런 박쥐가 동굴 안에서 부딪치지 않고 잘 날아다닐 수 있는 것은 **초음파** 덕분이에요. 박쥐는 초음파를 쏘아 물체에 부딪혀 되돌아오는 시간으로 공간을 파악해요. 물체가 얼마나 가까이 있는지 감지하고 피하는 거지요. 로봇 청소기의 센서도 적외선이 되돌아오는 시간으로 장애물이 얼마나 가까이 있는지 감지해요. 장애물까지의 거리를 감지한 로봇 청소기는 장애물에 부딪치기 전에 방향을 바꾸어 장애물을 피할 수 있답니다.

핵심 개념

센서 : 온도, 압력, 속도 등의 변화를 전기 신호로 바꾸는 장치
초음파 : 진동수가 너무 높아 사람의 귀로 들을 수 없는 음파

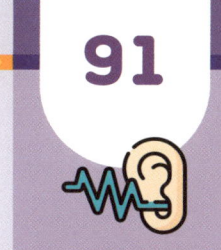

91 욕실에서 노래하면 왜 더 잘 부르는 것 같을까?

욕실에서 노래를 부르면 내 목소리가 성악가처럼 멋지게 들려서 우쭐해지곤 해요. 그 비밀은 바로 욕실 벽이 타일이기 때문이에요. 타일은 소리를 흡수하지 않고 반사하거든요.

노래를 부르면 성대가 움직여 주변 공기를 진동시켜요. 그 진동이 **소리**예요. 소리는 호수에 돌을 던졌을 때 물결이 퍼져 나가는 것처럼 공기를 타고 퍼져 나가요. 그래서 음파라고도 합니다. 방 안에서 벽지가 소리를 흡수하는 것과는 달리 욕실에서는 소리가 타일 벽에 반사되어 다시 돌아와요. 좁은 욕실에서는 반사된 소리가 모여 마치 마이크를 사용한 듯 소리가 울리지요. 욕실의 습도가 높기 때문이기도 해요. 성대가 촉촉해지면 노래를 더 잘할 수 있거든요.

내가 멋지게 부른 노랫소리를 듣는 감각을 **청각**이라 하고, 노랫소리를 듣는 청각 기관은 귀랍니다. 공기의 진동인 노랫소리가 귀로 들어오면, 외이도를 지나 고막을 흔들어요. 그리고 고막의 흔들림을 청소골이라는 기관에서 크게 증

폭시킨 다음, 달팽이관에서 전기 신호로 바꾼답니다. 신경을 통해 뇌로 신호를 보내기 위해서이지요. 그러면 뇌에서 어떤 소리를 들었는지 알 수 있어요.

귀는 청각 기관이지만, 다른 감각을 담당하는 부분도 있어요. 전정 기관에서는 위치 감각을, 반고리관에서는 평형 감각을 느껴요. 유스타키오관에서는 몸 안과 밖의 압력이 같아지도록 조정한답니다.

 더 알아보기 144쪽을 읽어 보세요!

주변 소리가 들리지 않는 노이즈 캔슬링 이어폰

노이즈 캔슬링 이어폰은 주변 잡음을 없애 주는 이어폰이에요. 보통 주변 환경에서 나오는 생활 소음은 거의 비슷한 주파수를 갖고 있어요. 이때 똑같은 크기, 똑같은 물결 모양으로 나가는 소리가 만나면 두 배로 커지는 특징이 있어요. 또 물결 모양으로 나아가는 소리의 파동은 반대 물결 모양의 소리와 만나면 없어져요. 노이즈 캔슬링 이어폰은 소리의 이런 성질을 이용했어요. 주변 생활 소음을 없앨 수 있는 반대 물결 모양의 소리를 내보내 듣고 싶은 음악만 감상할 수 있지요.

핵심 개념
소리: 어떤 물질의 떨림이 공기 등의 물질을 타고 전달되어 귀로 들을 수 있는 현상
청각: 소리를 듣는 감각

고양이는 정말 색맹일까?

사냥도 잘하고 장난감도 잘 가지고 노는 고양이! 그런데 고양이는 사실 부분적인 색맹(색약)이랍니다. 빨간색을 인지하지 못하고 노란색과 초록색을 잘 구분하지 못하지요. 그래서 고양이가 보는 세상은, 파란색과 노란색이 어느 정도 보이는 흑백 영화에 가까워요. 고양이가 사람처럼 다양한 색을 구분하지 못하는 이유는 눈의 구조 때문이에요.

눈의 망막에는 빛을 감지하는 시각 세포가 있어요. 빛을 감지해서 뇌로 신호를 보낸답니다. 시각 세포에는 원추세포와 간상세포가 있어요. 원뿔 모양의 **원추세포**는 밝은 빛에서 작동하며 색을 감지해요. 사람의 경우 적색, 녹색, 청색 세 종류의 원추세포가 있어요. 세 가지 색이 섞였을 때 나오는 다양한 색을 구별할 수 있지요. 하지만 고양이는 녹색과 청색 두 종류의 원추세포만 가지고 있고 원추세포의 수도 적어 적색 계열의 색은 구별하지 못해요. 게다가 심

사람의 색 구분

고양이의 색 구분

고양이 눈에는 각 줄의 색들이 거의 같은 색으로 보인다.

한 근시여서 멀리 있는 사물은 잘 보지 못해요. 하지만 어두운 곳에서 밝기를 구분하는 막대 모양의 **간상세포**는 고양이가 사람에 비해 잘 발달되어 있어요. 그래서 고양이는 밤에 사물을 잘 볼 수 있어요. 또 고양이는 시야각이 사람보다 훨씬 넓어서 사냥감까지의 거리를 잘 파악할 수 있어요. 움직이는 물체를 보는 동체 시력도 발달되어 있지요. 야행성 동물인 고양이는 밤에 사냥하기에 알맞은 사냥꾼의 눈을 갖고 있는 거예요.

그렇다면 다른 동물들은 어떨까요? 먼저 침팬지, 고릴라 같은 유인원의 원추세포는 사람과 같이 적색과 녹색, 청색 빛을 감지할 수 있어요. 하지만 고양이처럼 대부분의 육상 동물은 녹색과 청색 빛을 감지하는 원추세포만 갖고 있어요. 적색과 녹색을 구분하지 못하는 적록 색맹이랍니다.

밤에 활동하는 야행성 동물인 올빼미는 색맹이지만 어두운 곳에서 잘 볼 수 있도록 눈이 발달했어요. 원추세포는 거의 없는 대신, 간상세포는 사람보다 100배 정도 많답니다. 바다에 사는 상어도 색맹이에요. 어떤 상어는 원추세포가 아예 없어 색을 구분하지 못하고 어떤 상어는 녹색만 인식할 수 있는 원추세포를 갖고 있어요. 대신 간상세포를 갖고 있어 명암을 구분할 수 있어요. 해양 동물은 바닷물로 들어오는 햇빛을 보기 때문에 오히려 명암을 구별하는 것이 더 중요하거든요.

> **핵심 개념**
> **원추세포** : 동물 눈의 망막에 있어 색깔을 인지하는 세포
> **간상세포** : 동물 눈의 망막에 있어 밝기를 구별하는 세포

93 손톱은 왜 잘라도 아프지 않을까?

손가락 끝에는 **손톱**이 붙어 있어요. 물건을 집을 때 도움이 되고, 부드러운 피부로 둘러싸인 손가락을 보호하기도 하지요. 손톱이 단단해서 뼈라고 생각할 수도 있지만 손톱은 피부의 가장 바깥쪽 부분이 각질화된 죽은 세포입니다. 단백질의 한 종류인 케라틴으로 되어 있답니다. 손톱의 뿌리 아래 부분에 손톱을 자라게 하는 세포가 있어요. 특별한 일이 없다면 손톱은 계속 자라기 때문에 불편하지 않도록 잘라야 해요. 우리 몸의 일부이지만, 잘라도 아프지 않은 것은 손톱이 죽은 세포로만 되어 있기 때문이에요.

살아 있는 **생물**의 몸은 세포로 이루어져 있어요. 영국의 과학자인 로버트 훅이 현미경을 만들어 코르크를 관찰하다가 세포를 처음 발견했지요. 세포는 생물마다 모양과 크기가 다르고, 한 생물 안에서도 세포마다 모양과 크기가 달라요.

하지만 세포의 기본 구조는 같답니다. 세포의 핵은 생물의 정보를 담은 유전자가 들어 있어요. 미토콘드리아는 세포가 사용하는 에너지를 만들지요. 세포질은 세포를 채우고 있는 물질이고 세포막은 세포를 둘러싸 세포를 보호해요. 식물

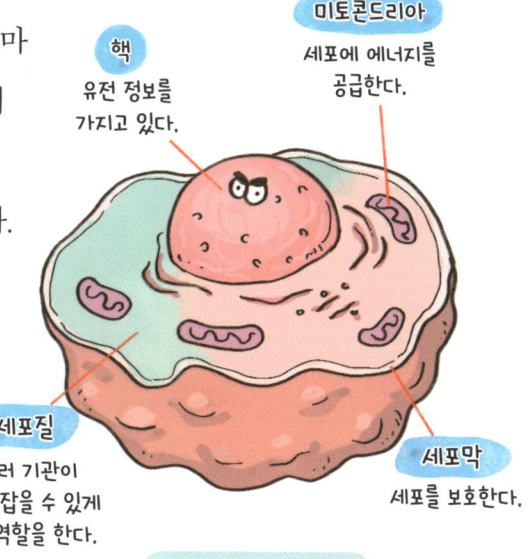

핵 유전 정보를 가지고 있다.
미토콘드리아 세포에 에너지를 공급한다.
세포질 여러 기관이 자리 잡을 수 있게 '몸' 역할을 한다.
세포막 세포를 보호한다.

동물 세포의 기본 구조

세포에는 동물 세포와 달리 노폐물이 모인 액포와 엽록체가 들어 있어 광합성을 해요. 그리고 세포막 바깥에 세포벽으로 한 번 더 세포를 보호해요.

생물을 이루고 있는 세포의 수도 모두 달라요. 아메바나 짚신벌레는 하나의 세포로 이루어져 있어요. 반면에 사람은 100조 개 이상의 세포로 이루어져 있지요. 우리 몸의 모든 기관은 이와 같이 세포들이 모여 만들어졌어요. 손톱 끝부터 발톱 끝까지 말이에요.

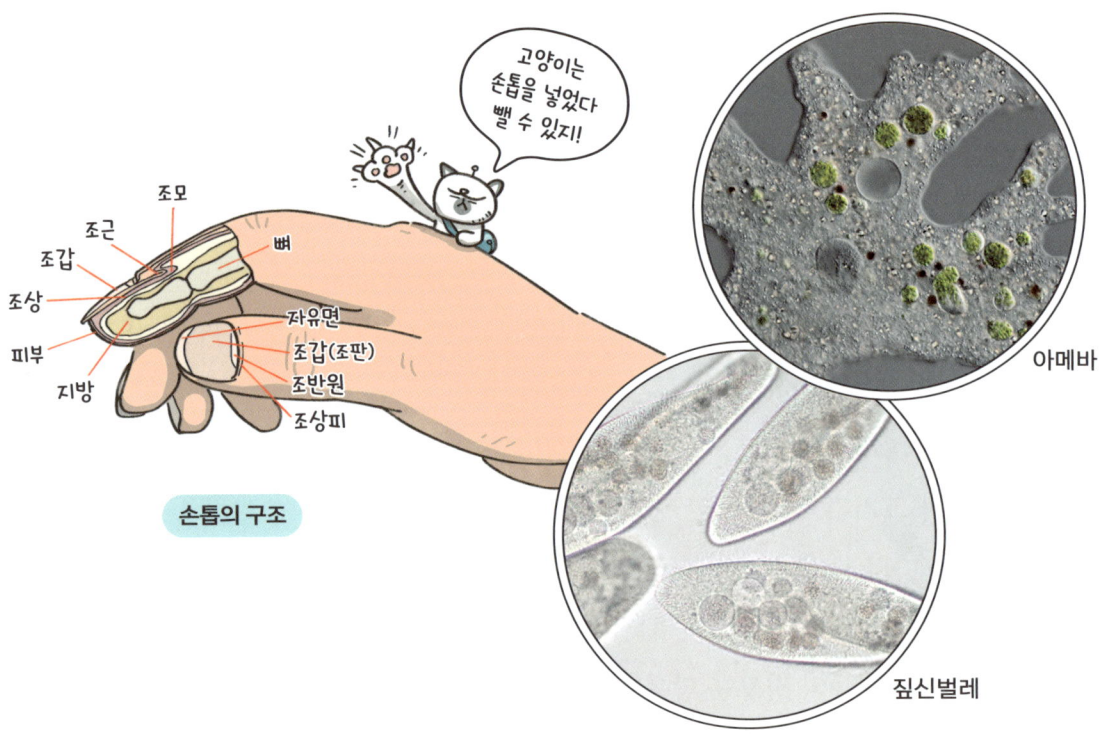

손톱의 구조

핵심 개념

손톱: 손가락 끝에 붙어 있는 단단한 조직
생물: 생명이 있어 살아 있는 것

94 레고 블록을 밟으면 왜 참을 수 없을 정도로 아플까?

동생이 쏟아 놓은 레고 블록을 밟았다면? '아악!' 너무 아파서 눈물이 핑 돌 거예요. 이렇게 아픈 이유는 바로 작은 레고 조각을 발로 밟았기 때문이에요.

우리가 서 있을 때 발바닥은 항상 몸무게만큼의 중력을 받고 있어요. 그런데 발바닥 밑에 작은 레고 블록이 있다면 우리 몸무게만큼의 중력을 더 작은 레고 블록의 면적이 받는 거예요. 같은 몸무게로 누를 때 발바닥보다 레고 블록 면적이 훨씬 더 작으므로, 누르는 **압력**이 더 커지는 거예요. 게다가 레고 블록은 대략 400kg의 무게로 누르는 힘을 지탱할 만큼 단단하게 만들어졌으니 훨씬 더 아플 수밖에 없답니다.

통각은 아픔을 느끼는 감각이에요. 우리 몸에 닥친 위험을 경고해 주지요. 발바닥에는 다른 신체 기관보다 감각을 받아들이는 감각 수용체가 훨씬 많아요. 최대 20만 개의 감각 수용체가 있다고 해요. 같은 자극이라도 다른 신체 부위보다 훨씬 민감하게 받아들인답니다. 그래서 작은 플라스틱 조각인 레고 블록을 밟으면 참을 수 없을 정도로 아픈 거예요.

> **핵심 개념**
> **압력** : 일정한 면적을 누르는 힘
> **통각** : 통증을 느끼는 감각

95 우리나라 태풍은 왜 시계 반대 방향으로만 돌까?

태풍이 다가오고 있다는 소식은 아주 중요한 뉴스예요. 거센 비바람을 몰고 오는 태풍에 피해를 크게 입을 수 있기 때문이에요. 태풍이 다가오며 세력이 더 커지거나 약해지기도 하고, 방향이 바뀔 수도 있으니 잘 지켜봐야 한답니다. 하지만 태풍이 우리나라를 지나는 동안 변하지 않는 것이 하나 있어요. 바로 우리나라를 지나는 태풍은 항상 시계 반대 방향으로 돈다는 거예요. 우리나라뿐 아니라 북반구에 있는 태풍 모두 시계 반대 방향으로 소용돌이친답니다. 이처럼 태풍이 시계 반대 방향으로 도는 것은 지구가 자전하기 때문이에요.

지구는 스스로 하루에 한 바퀴씩 돌아요. 별이나 행성이 일정한 시간 간격으로 스스로 한 바퀴 도는 현상을 **자전**이라 하지요. 지구는 북반구에서 볼 때 항상 시계 반대 방향으로 돈답니다.

지구가 북반구에서 보기에 시계 반대 방향으로 돌기 때문에 지구에 있는 물체는 항상 운동 방향의 오른쪽으로 힘이 작용해요. 북반구에서 북쪽으로 쏘아 올린 포탄은 항상 오른쪽으로 치우쳐 날아가지요. 이 힘을 전향력이라 부르는데, 지구 자전 때문에 생긴 현상으로 지구에 실제 존재하는 힘은 아니랍니다. 이 현상을 발견한 사람의 이름을 따서 코리올리 힘이라고도 하지요. 또 지구 위에 있는 모든 물체가 지구가 자전하는 힘에 영향을 받는 것을 **코리올리 효과**라고 해요.

코리올리 효과는 바다에서 해류의 흐름과 대기의 순환을 결정하는 데 중요한 역할을 해요. 우리나라가 있는 중위도 지역에서 서쪽에서 동쪽으로 부는 편서풍도 코리올리 효과에 의한 거예요. 만약 지구가 자전하지 않는다면 북반구에서는 내내 북풍만, 남반구에서는 남풍만 불 거예요.

그리고 태풍의 회전 방향이 일정한 것도 모두 코리올리 효과 때문이지요. 북반구에서 태풍은 저기압 중심으로 공기가 들어오다가 전향력에 의해 오른쪽으로 힘을 받아 시계 반대 방향으로 소용돌이치는 거랍니다.

☞ **더 알아보기** 139쪽을 읽어 보세요!

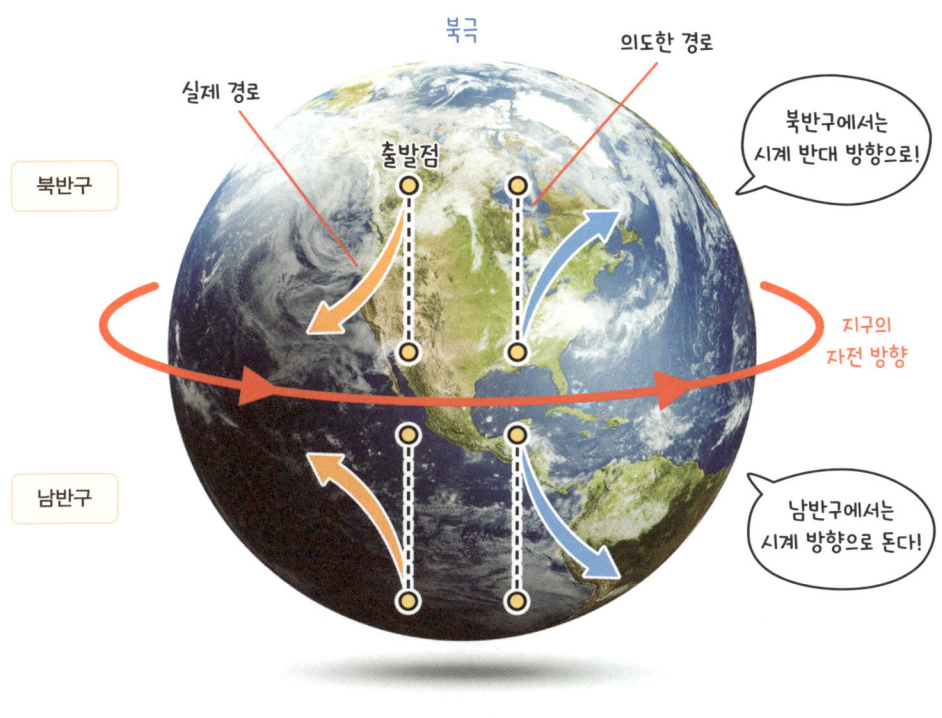

코리올리 효과에 따른 물체의 회전 방향

핵심 개념

자전 : 별이나 행성이 일정한 시간 간격으로 스스로 한 바퀴 도는 현상
코리올리 효과 : 지구가 자전하기 때문에 진행 방향이 휘어지는 현상

지구의 자전을 느껴 보자!

코리올리 효과 실험

준비물: 회전 원판, 물감 두 종류, 구슬

실험 방법

① 원판을 바닥에 둔다.
② 구슬에 물감을 묻혀 원판 가운데에서 바깥쪽으로 굴린다.
③ 원판에 남은 구슬의 물감 자국을 확인한다.
④ 이번에는 원판을 시계 반대 방향으로 돌린다.
⑤ 구슬에 다른 색깔의 물감을 묻혀 돌아가는 원판 가운데에서 바깥쪽으로 굴린다.
⑥ 원판에 남은 구슬의 물감 자국을 확인한다.
⑦ 두 구슬이 남긴 물감 자국을 비교한다.

실험 결과

움직이지 않는 원판에서 굴린 구슬의 자국은 직선이다. 하지만 시계 반대 방향으로 회전하는 원판에서 굴린 구슬의 물감 자국은 진행 방향의 오른쪽으로 휘어져 있다. 시계 반대 방향으로 자전하는 지구의 코리올리 효과 때문임을 알 수 있다.

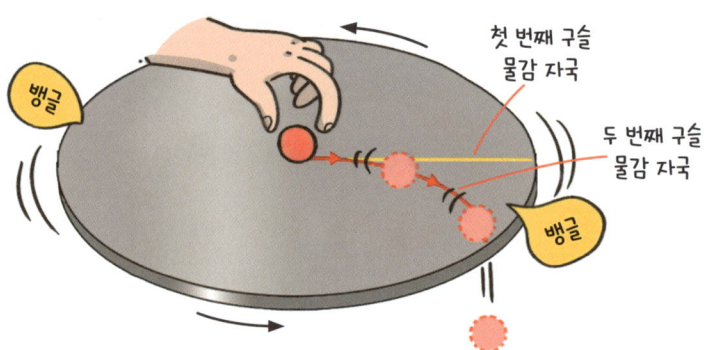

96

달은 왜 매일 모양이 변할까?

며칠 전만 해도 달이 초승달이었는데 어느새 보름달이 되었어요. 달은 점점 작아지다가 또다시 차오르곤 하지요. 이렇게 지구에서 보는 달의 모습은 매일 달라져요.

달은 지구 주위를 도는 **위성**이고 지구는 태양 주변을 도는 행성이에요. 달과 지구는 스스로 빛을 내지 못해요. 달이 밝은 것은 태양 빛을 반사해 밝게 보이는 것이지요. 따라서 지구에서 보는 달의 모습은 태양 빛이 비치는 모습에 따라 달라 보인답니다. 이렇게 빛에 따라 달의 모습이 달라 보이는 것을 **달의 위상**이라고 해요. 지구 주변을 달이 한 바퀴 도는 데는 대략 한 달이 걸려서 달의 모습은 한 달을 주기로 변합니다. 음력 1일에는 달이 보이지 않는 삭이에요. 초승달, 상현달, 보름달이 되기까지 오른쪽부터 채워 가지요. 이후로는 하현달, 그믐달, 그리고 다시 삭이 되기까지 오른쪽부터 비워져요. 다시 삭이 되는 데 한 달이 걸린답니다.

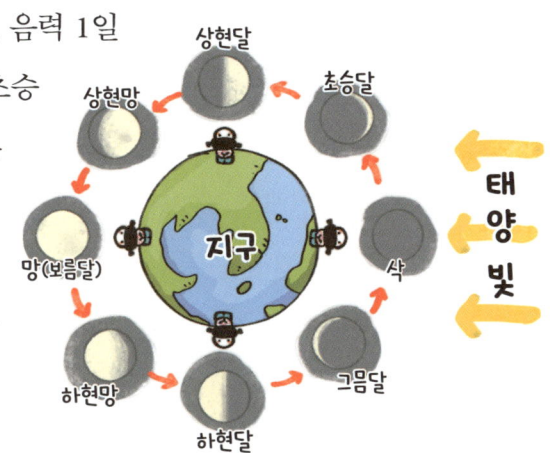

> **핵심 개념**
>
> **위성** : 행성 주위를 도는 천체
> **달의 위상** : 태양, 지구, 달의 위치에 따라 빛을 받아 나타나는 달의 여러 가지 모습

97 달무리가 지면 다음 날 비가 올까?

밝은 달이 떴는데 달 주변에 동그란 빛의 띠가 보인다고요? **달무리**가 생긴 거예요. 그리고 달무리 주변으로는 아주 얇은 구름의 층을 볼 수 있어요.

이러한 현상이 나타나는 까닭은 권층운 때문이에요. **권층운**은

달무리

5~13km 높이에 생기는 얼음 알갱이로 이루어진 얇은 구름층을 말해요. 달무리는 권층운을 이루는 얼음 알갱이에 달빛이 굴절되고 반사되어 동그란 무늬를 이룬 것을 말해요. 낮에 권층운이 있을 때는 햇빛을 굴절하고 반사해 태양 주변에 동그란 무늬를 만들지요. 이때는 햇무리라 불러요.

달무리가 생긴다면 권층운, 다시 말해 구름이 있는 것이므로 다음 날 비 올 확률이 높아요. 기상 관측이 발달하지 않았을 때는 이처럼 자연 현상의 특징을 찾아 다음 날의 날씨를 예측하기도 했답니다.

핵심 개념

달무리 : 달 주위에 생긴 동그란 빛의 띠
권층운 : 5~13km 높이에 생기는 얼음 알갱이로 이루어진 얇은 구름층

구름의 종류

비행기는 구름 위에 뜬다!

지구를 둘러싼 공기층을 대기라고 해요. 대기는 지표면으로부터 약 1,000km 높이까지 이르지요. 이러한 대기는 온도 변화에 따라 네 부분으로 나뉘어요. 지표면으로부터 약 10km까지는 대류권, 그 위 10~50km까지는 성층권, 그 위 50~80km까지는 중간권, 그리고 80km 이상은 열권이에요.

대류권까지는 높이 올라갈수록 온도가 점점 낮아져요. 그래서 수증기가 올라가며 구름을 만들고, 비를 뿌려요. 구름, 눈, 비와 같은 기상 현상은 대류권에서만 일어나요. 대류권보다 높은 성층권으로 올라가면 구름이 없는 하늘이 펼쳐져요. 그래서 기상 현상이 없는 성층권에서 비행기가 안전하게 운항할 수 있어요. 물론 높이 올라가려면 연료가 많이 필요하기 때문에 그보다 조금 낮은 높이에서 운항하기는 해요. 우리가 비행기를 탔을 때 구름이 아래로 펼쳐지는 이유는 비행기가 대류권 상층부와 성층권 하층부에서 날기 때문이랍니다.

98 별은 왜 반짝반짝 빛날까?

'반짝반짝 작은 별 아름답게 비추네.' 〈작은 별〉 동요에서처럼 별은 반짝반짝 빛나요. 그런데 태양계에서 별은 태양뿐이랍니다. 별은 에너지를 내며 스스로 타오르는 **항성**을 말하거든요. 수성, 금성, 지구, 화성, 목성, 토성, 천왕성, 해왕성까지 여덟 개의 **행성**은 태양 주변을 돌아요. 그리고 수성과 금성을 제외한 나머지 행성에는 행성 주변을 도는 위성도 있답니다.

태양이 뜨겁게 타오를 수 있는 것은 수소를 가득 갖고 있으며 수소로 핵융합 에너지를 어마어마하게 내고 있기 때문이에요. 태양의 에너지는 우주를 날아와 지구와 주변 행성들을 따뜻하게 해 준답니다. 지구에 생물이 살 수 있는 것도 모두 태양 덕분이지요. 만약에 태양이 다 타 버리면 어쩌나 걱정하지 않아도 돼요. 태양이 가진 수소를 모두 쓰려면 최소 50억 년 이상은 걸릴 거니까요.

핵심 개념

항성 : 에너지를 내며 스스로 빛나는 별
행성 : 항성 주변을 도는 천체

행성 운동 법칙을 찾은 요하네스 케플러

독일의 천문학자이자 수학자인 요하네스 케플러(1571~1630년)는 폴란드의 천문학자 코페르니쿠스의 지동설을 지지했어요. 지동설은 지구가 태양을 중심으로 돌고 있다는 이론이지요. 그때는 교회뿐만 아니라 많은 사람이 지구를 중심으로 온 우주가 돌고 있다는 천동설을 믿었던 때였어요. 케플러는 천체를 관측하던 덴마크의 천문학자 튀코 브라헤의 조수로 일했기 때문에 많은 천체 관측 자료를 갖고 있었어요. 케플러는 튀코 브라헤의 자료 중 화성 궤도를 탐구했어요. 케플러는 천체 관측 자료를 정리해 세 가지 행성 운동 법칙을 발표했어요. 이로써 행성이 태양 주변을 돈다는 사실을 확실하게 해 주었답니다.

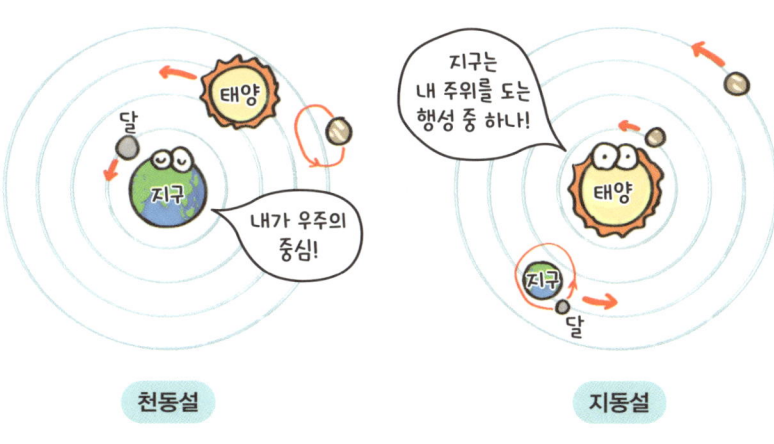

99 별똥별은 어디로 사라질까?

여름철 페르세우스 별자리 주변을 보면 별똥별이 비처럼 쏟아질 때가 있어요. 이러한 별똥별을 **유성**이라 하고, 유성이 비처럼 쏟아지는 것을 유성우라고 해요.

유성은 혜성과 소행성 등에서 떨어져 나온 조각이 중력에 의해 지구 쪽으로 끌려 들어오다가 대기와의 마찰로 불타 사라지는 것을 말해요. 그러니까 밤하늘에 휙! 빛의 꼬리를 그리고 사라지는 별똥별은 보통 대기 중에서 모두 타 버려 바닥으로 떨어지지 않아요. 하지만 크기가 아주 큰 유성이라면 이야기는 달라져요. 대기와의 마찰열로도 다 타지 못하고 잔해를 남기는데 이를 **운석**이라고 합니다. 과학자들은 운석의 성분을 조사해 천체를 연구해요. 어떤 운석의 성분이 지구와 비슷하다면 지구와 비슷한 시기에 만들어진 천체일 가능성이 높아요. 그리고 성분을 조사하면 천체에 어떤 자원이 얼마나 있는지 알아볼 수 있지요.

> **핵심 개념**
> **유성**: 혜성, 소행성 등에서 떨어져 나온 조각으로 지구의 대기권으로 들어와 대기와의 마찰로 불타며 떨어지는 것
> **운석**: 유성이 대기에서 다 타지 못하고 지구로 떨어진 잔해

달의 크레이터

크레이터

달 사진을 보면 달 표면은 항상 울퉁불퉁해요. 달 표면의 움푹 파인 부분이 어떤 부분은 작고 어떤 부분은 아주 크지요. 사람들은 이렇게 달 표면에 움푹 파인 부분을 운석 구덩이 혹은 크레이터라고 해요. 우주로부터 날아온 운석이 달 표면에 부딪치며 생긴 자국이에요. 달에 운석이 많이 충돌하는 이유는 달에는 대기가 적기 때문이에요. 지구는 두꺼운 대기가 감싸고 있기 때문에 대부분의 천체는 지표면에 닿기 전에 타 버려요. 하지만 달은 대기가 적어 운석이 다 타지 못하고 달 표면에 부딪힌답니다.

이렇게 달의 대기가 지구보다 적은 이유는 달의 중력이 지구보다 작기 때문이에요. 지구 중력의 $\frac{1}{6}$밖에 되지 않거든요. 그래서 기체를 붙잡는 힘이 약해서 지구보다 대기층이 옅고, 운석 구덩이를 남기는 거예요.

달에 처음 사람을 보낸 1969년 이후로, 전 세계 여러 국가 기관과 민간 기업들이 다시 달 탐사를 하기 위해 준비하고 있어요. 만약 달에 사람들이 사는 도시를 세운다면 운석 충돌에 대비한 철저한 계획이 필요할 거예요.

100 잠은 왜 자야 하는 걸까?

잠을 잘 시간만 되면 재미있는 이야기가 생각나요. 더 놀고 싶어서 잠을 자는 게 아까울 때도 있어요. 하지만 밤이 되면 잠을 자야 한답니다.

잠을 자는 동안에는 움직이지 않아서 우리 몸이 아무것도 하지 않는 것처럼 보이지만, 우리 뇌는 우리가 자는 동안에도 쉬지 않는답니다. 뇌에서는 낮 동안 입력된 정보를 정리하고 알맞은 기억 저장소에 보관하는 일을 해요.

우리가 자는 동안 활동하는 것은 뇌만이 아니에요. 우리 몸에는 뇌의 명령을 받지 않고 몸의 기능을 조절하는 **자율 신경**이 있어요. 자율 신경에는 교감 신경과 부교감 신경이 있지요. **교감 신경**은 심한 운동을 할 때와 위급 상황에 반응하고, **부교감 신경**은 에너지를 절약하도록 몸의 기능을 조절해요. 교감 신경과 부교감 신경은 서로 도와 우리 몸의 기능을 유지한답니다.

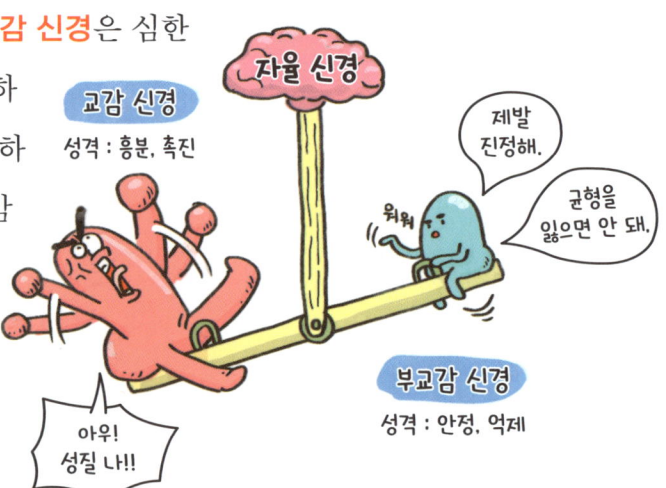

> **핵심 개념**
> **자율 신경** : 대뇌의 직접적인 영향을 받지 않고 몸의 기능을 자율적으로 조절하는 신경
> **교감 신경** : 심한 운동을 할 때와 위급 상황일 때 반응하는 자율 신경
> **부교감 신경** : 에너지를 절약하도록 몸의 기능을 조절하는 자율 신경

우리가 자는 동안에는 부교감 신경이 작용해요. 부교감 신경은 에너지를 절약하는 신경이므로 심장을 천천히 뛰게 하고 호흡을 줄여 잠을 잘 잘 수 있도록 해요. 낮 동안 열심히 활동한 우리 몸은 밤이 되면 잠을 자며 휴식을 취하고 몸을 정비해야 건강한 생활을 유지할 수 있어요.

문어도 꿈을 꿀까?

동물에게 꿈을 꾸었는지 답을 들을 방법은 없어요. 그렇다면 사람이 꿈을 꿀 때 어떤 상태인지 알아보는 방법을 쓰면 어떨까요? 동물도 꿈을 꾼다면, 우리와 비슷한 상태일 가능성이 크니까요.

잠을 자는 동안 사람은 안구를 움직이며 얕은 잠을 자는 렘(REM)수면과 비렘(non-REM)수면이 반복돼요. 렘수면일 때는 깨어 있을 때와 비슷한 뇌파가 나와요. 대뇌 활동이 활발하지만, 안구를 제외한 몸은 움직이지 못하지요. 렘수면인 사람을 깨워 물어보면, 대부분 꿈을 꾸고 있었다고 해요. 비렘수면일 때는 깊은 잠을 자고 안구 운동이 감소해요. 호흡, 맥박, 혈압 등이 안정되어 휴식을 취하지요. 비렘수면일 때도 꿈을 꿀 수는 있지만 보통 기억이 잘 나지 않는다고 해요. 그러니까 보통 우리는 렘수면일 때 꾼 꿈을 기억하는 거랍니다.

포유류부터 어류, 그리고 연체동물이나 곤충까지도 거의 모든 동물이 잠을 자요. 그중에서 포유류와 조류는 사람처럼 렘수면 구간이 있어요. 사람처럼 꿈을 꿀 가능성이 크지요. 그런데 최근에 문어가 자는 동안 피부색이 바뀌며 활발하게 움직이다가 다시 고요해진다는 것이 밝혀졌어요. 마치 사람의 렘수면 상태인 것처럼 말이에요. 어쩌면 문어도 꿈을 꾸고 있을지 모른답니다.

조개 맛있다…!
냠….

도움받은 자료

도움받은 책

《DK 식물》, DK 《식물》 편집위원회 지음, 박원순 옮김, 사이언스북스, 2020년 1월
《걱정 많은 어른들을 위한 화학 이야기》, 윤정인 지음, 푸른숲, 2022년 9월
《나는 화학으로 세상을 읽는다》, 크리스 우드포드 지음, 이재경 옮김, 반니, 2021년 6월
《문구의 과학》, 와쿠이 요시유키, 와쿠이 사다미 지음, 최혜리 옮김, 유유, 2017년 6월
《미술관에 간 화학자 1》, 전창림 지음, 어바웃어북, 2013년 2월
《상위 5%로 가는 지구과학교실 2(기초 지구과학(하))》, 김용완 외 지음, 스콜라(위즈덤하우스), 2008년 5월
《상위 5%로 가는 화학 교실 2(기초 화학(하))》, 김용완 외 지음, 스콜라(위즈덤하우스), 2008년 3월
《생명과학(8판)》, 닐 캠벨 외 지음, 전상학 옮김, 바이오사이언스, 2008년 9월
《생활 속 화학》, 이범종 지음, 자유아카데미, 2021년 2월
《소소한 일상의 물리학》, 제임스 카칼리오스 지음, 정훈직 옮김, 와이즈베리, 2019년 6월
《실은 나도 과학이 알고 싶었어 1, 2》, 래리 셰켈 지음, 신용우 옮김, 애플북스, 2019년 3월
《알아두면 쓸모 있는 과학 잡학 상식》, 이연호 지음, 팬덤북스, 2021년 5월
《우리나라 자원식물 : 약과 먹거리로 쓰이는》, 강병화 지음, 한국학술정보, 2012년 4월
《이토록 재미있는 화학 이야기》, 사마키 다케오 지음, 김현정 옮김, 반니, 2022년 12월
《일반물리학 제1권(개정판 10판)》, 데이비드 할리데이 외 지음, 고려대 외 옮김, 범한서적, 2015년 3월
《일상 속의 물리학》, 세드리크 레이 외 지음, 안수연 옮김, 에코리브르, 2009년 8월
《재미있는 물리 상식 : 교과서 밖에서 배우는》, 송은영 지음, 도서출판 맑은 창, 2001년 12월
《줌달의 일반화학(9판)》, 스티븐 줌달 외 지음, 화학교재연구회 옮김, 사이플러스, 2014년 3월
《차 생활 문화 대전》, 정동효 외 지음, 홍익재, 2012년 7월
《초등과학 개념사전》, 정지숙 외 지음, 아울북, 2015년 1월

도움받은 사이트

KISTI의 과학향기 https://scent.kisti.re.kr/
국립전북기상과학관 https://science.kma.go.kr/jbsci/
기상청 날씨누리 https://www.weather.go.kr
대한민국 교육부 블로그 https://if-blog.tistory.com/
동아사이언스 https://www.dongascience.com/
두피디아 https://www.doopedia.co.kr/
서울대학교병원 https://www.snuh.org/
서울아산병원 https://www.amc.seoul.kr/asan/
소프트웨어야 놀자 https://www.playsw.or.kr/
에듀넷 티클리어 https://www.edunet.net/
위키커먼스 https://commons.wikimedia.org/wiki/
자바실험실 https://javalab.org/ko/about/

핵심 개념 모아 보기

○ 숫자 / 알파벳

3차원(3D) 우리가 살고 있는 입체 공간→176쪽
mm(밀리미터) 길이의 단위로 1mm는 1/1,000m (미터)→64쪽
㎛(마이크로미터) 길이의 단위로 1㎛는 1/1,000,000m(미터)→64쪽

○ ㄱ

가시광선 우리 눈에 보이는 빛→128쪽
각성 깨어 정신을 차림→44쪽
간상세포 동물 눈의 망막에 있어 밝기를 구별하는 세포→182쪽
겨울눈 나무가 겨울을 지내기 위해 만드는 구조→159쪽
계면 활성제 물과 결합하는 부분과 기름과 결합하는 부분을 동시에 갖는 물질→169쪽
고무 고무나무 껍질을 벗겨 내면 얻을 수 있는 끈적끈적한 수액→83쪽
곰팡이 어둡고 습기찬 곳에서 사는 균사로 된 몸을 가진 생물→161쪽
공기 지구를 둘러싸고 있는 기체→154쪽
공전 천체가 다른 천체를 중심으로 한 바퀴 도는 현상→65쪽
관다발 식물에서 물과 양분이 이동하는 통로→97쪽
관성 물체에 힘이 작용하지 않을 때, 정지해 있던 물체는 정지해 있고 운동하던 물체는 운동 상태를 계속 유지하려는 성질→125쪽
관절 뼈와 뼈를 연결하는 부분→39쪽
광합성 식물이 물, 이산화 탄소, 햇빛으로 영양분과 산소를 만드는 작용→116쪽
교감 신경 심한 운동을 할 때와 위급 상황일 때 반응하는 자율 신경→196쪽
구름 작은 얼음 알갱이나 작은 물방울이 하늘 높이 모여 있는 것→60쪽
굴광성 식물이 빛의 자극에 반응하는 성질→53쪽
권층운 5~13km 높이에 생기는 얼음 알갱이로 이루어진 얇은 구름층→190쪽
근시 멀리 있는 물체가 잘 보이지 않는 상태→70쪽
근육 동물을 움직일 수 있도록 해 주는 힘줄과 살→104쪽
기압 대기의 압력→34쪽
기압 차 공기의 압력 차이→146쪽
기온 대기의 온도→54쪽
기체 일정한 모양과 부피를 갖지 않고 공기처럼 분자의 움직임이 자유로운 물질의 상태→154쪽
기화 물질이 액체 상태에서 기체 상태로 변하는 현상→170쪽
김 수증기가 공기 중에서 응결되어 액체가 된 작은 물방울→167쪽
꽃 종자식물이 다음 세대를 만드는 데 필요한 기관→51쪽

○ ㄴ

나팔꽃 여름에 피는 나팔 모양의 꽃→54쪽
낙엽 잎이 떨어지는 현상→159쪽

난기류 공기가 불규칙하게 흐르는 현상 →114쪽

난반사 거친 표면에 빛이 반사될 때 다양한 방향으로 빛이 반사되는 현상 →175쪽

날씨 그날의 비, 구름, 바람, 기온, 기압 등이 나타나는 기상 상태 →47쪽

냄새 코로 맡을 수 있는 물질의 특성 →62쪽

노을 해가 뜨거나 질 무렵 서쪽 하늘이 붉게 물드는 현상 →158쪽

눈 빛을 받아 물체를 볼 수 있는 감각 기관 →23쪽

눈곱 눈에서 나오는 진득진득한 액 또는 그것이 말라붙은 것 →23쪽

뉴런 신경 세포의 기본 단위 →95쪽

ㄷ

단백질 근육, 내장, 뼈, 피부 등 우리 몸을 이루고 있는 물질. 지방, 탄수화물과 함께 3대 영양소 중 하나 →24쪽

달무리 달 주위에 생긴 동그란 빛의 띠 →190쪽

달의 위상 태양, 지구, 달의 위치에 따라 빛을 받아 나타나는 달의 여러 가지 모습 →189쪽

디지털 정보를 0과 1로 표시하는 방식 →77쪽

ㅁ

마그누스 효과 공기나 물과 같이 흐르는 공간 속에서 회전하는 물체가 이동 방향의 수직으로 힘을 받아 진행 방향이 휘어지는 현상 →115쪽

마찰 전기 두 물체를 마찰하면 표면에서 전자가 이동해 전기를 띠는 현상 →31쪽

마찰력 바닥면에서 물체의 운동을 방해하는 힘 →121쪽

마찰열 마찰에 의해 발생하는 열 →121쪽

명령어 컴퓨터를 실행할 수 있는 프로그래밍 언어의 최소 단위 →77쪽

모내기 볍씨를 모판에 뿌려 모를 키운 후 논으로 옮겨 심는 방법 →98쪽

무게 지구가 물체를 끌어당기는 힘의 크기 또는 중력의 정도 →39쪽

무게 중심 물체가 기울어지지 않고 균형을 잡을 수 있는 지점 →119쪽

무조건 반사 자극에 대해 본능적으로 일어나는 반응 →103쪽

무지개 햇빛이 공기 중 물방울을 통과하며 보이는 여러 색의 빛의 띠 →63쪽

무척추동물 등뼈(척추)가 없는 동물 →106쪽

물 수소와 산소로 이루어진 상온에서 액체 상태인 물질 →129쪽

미생물 맨눈으로 관찰하기 어려운 아주 작은 생물 →29쪽

ㅂ

박테리아 하나의 세포로 이루어진 미생물 →109쪽

반고리관 귀 내이에 있는 반원 모양의 관 →145쪽

반려동물 사람과 정서적 교감을 나누며 함께 생활하는 동물 →155쪽

받침점 지레를 받쳐 주는 지점 →119쪽

발아 씨앗이 싹을 틔우는 현상 →57쪽

발효 미생물에 의해 유기물이 분해되는 현상 →111쪽

방사선 불안정한 상태의 방사성 원소가 안정한 상태로 바뀌면서 내는 입자나 빛. 알파선, 베

타선, 감마선, 엑스선, 중성자선이 있다. →94쪽

번개 구름과 구름 사이에 발생하는 방전 현상 →141쪽

번식 식물이나 동물이 자손을 유지하고 수를 늘리는 현상 →156쪽

벼락 구름과 땅 사이에 발생하는 방전 현상 →141쪽

별의 일주 운동 지구 자전의 영향으로 별이 하루에 한 바퀴씩 도는 것처럼 보이는 현상 →21쪽

보색 둘을 섞어 흰색 또는 검은색이 되는 색의 관계 →56쪽

복족류 배에 근육질인 넓고 평평한 발이 달려 있는 연체동물 →49쪽

볼록 렌즈 가운데 부분의 두께가 가장자리보다 두꺼워 빛을 모으는 렌즈 →71쪽

부교감 신경 에너지를 절약하도록 몸의 기능을 조절하는 자율 신경 →196쪽

부패 음식이 미생물에 의해 상하는 것 →164쪽

부피 물질이 차지하고 있는 공간의 크기 →69쪽

분산 햇빛이 여러 가지 단색의 빛으로 나누어지는 현상 →63쪽

분자 물질 고유의 성질을 가진 가장 작은 알갱이 →42쪽

분해자 생물의 사체나 배설물을 분해하는 생물 →162쪽

비 구름 속의 작은 물방울이나 얼음 알갱이가 뭉쳐 물로 떨어지는 것 →60쪽

빛 눈을 자극해 사물을 볼 수 있게 하는 것 →133쪽

빛의 반사 빛이 물체에 부딪칠 때 방향을 바꾸어 되돌아 나가는 현상 →26쪽

빛의 직진 빛이 곧게 나아가는 성질 →26쪽

ㅅ

사계절 기후 변화에 따라 일 년을 봄, 여름, 가을, 겨울로 구분한 것 →65쪽

사춘기 몸이 남자 혹은 여자의 특징을 갖추게 되며 어른으로 성장하는 시기 →37쪽

산 물에 녹아 수소 이온을 내는 물질 →149쪽

산란 빛이 물체에 부딪쳐 여러 방향으로 흩어지는 현상 →158쪽

삼투 현상 반투과성 막을 사이에 두고 농도가 낮은 곳에서 높은 곳으로 물이 이동하는 현상 →165쪽

상온 15~25℃ 사이의 일상적인 온도 →110쪽

색상환 성질이 비슷한 색을 둥글게 나열한 색상표 →56쪽

색의 삼원색 자홍색, 청록색, 노란색으로, 다른 색의 기본이 되는 색 →90쪽

생물 생명이 있어 살아 있는 것 →183쪽

생체 시계 우리 몸의 신체 주기를 조절하는 기능 →18쪽

생체 인식 개인의 고유한 생체 정보를 이용하는 인증 방식 →160쪽

성호르몬 남성과 여성의 특징을 만드는 호르몬 →38쪽

세균 하나의 세포로 이루어진 크기가 가장 작은 미생물 또는 아주 작은 균 →29쪽

세포 생물의 몸을 이루는 기본 단위 →24쪽

센서 온도, 압력, 속도 등의 변화를 전기 신호로 바꾸는 장치 →178쪽

소리 어떤 물질의 떨림이 공기 등의 물질을 타고 전달되어 귀로 들을 수 있는 현상 →179쪽

소화 음식물의 영양소를 잘 흡수하기 위해서 음식물을 잘게 분해하는 과정 →35쪽

소화 효소 소화 기관에서 음식물을 흡수하기 좋도록 영양소로 잘게 분해하는 물질 →99쪽

손톱 손가락 끝에 붙어 있는 단단한 조직 →183쪽

수분 수술의 꽃가루가 암술머리에 붙는 일 →53쪽

수증기 기체 상태의 물 →167쪽

순물질 한 종류의 물질로 이루어져 고유한 성질을 지니는 물질 →28쪽

시각 눈으로 사물을 보는 감각 →177쪽

시냅스 뉴런과 뉴런이 연결되는 부분 →95쪽

식중독 음식이나 물을 먹어 유해한 독소나 박테리아가 인체 내로 유입되어 나타나는 감염 질환 →109쪽

싹 씨, 줄기, 뿌리 등에서 처음 돋아나는 어린잎이나 줄기 →57쪽

씨앗 앞으로 새로운 식물이 될 것 →156쪽

ㅇ

안개 공기 중의 수증기가 지표면 근처에서 응결하여 작은 물방울로 떠 있는 현상 →45쪽

압력 일정한 면적을 누르는 힘 →185쪽

액화 물질이 기체 상태에서 액체 상태로 변하는 현상 →171쪽

야광 밝을 때 빛 에너지를 흡수했다가 어두울 때 빛을 내는 현상 →80쪽

양력 유체 속 움직이는 물체의 운동 방향과 수직으로 작용하는 힘 →143쪽

어는점 물질이 액체에서 고체로 변하는 온도 →68쪽

에너지 일을 할 수 있는 능력 →35쪽

엑스선 우리 눈에 보이지 않는 방사선으로 물질을 투과하는 성질을 지님 →94쪽

연체동물 뼈가 없어 몸이 연하고 몸이 마디로 나누어져 있지 않은 동물 →49쪽

열 분자들을 움직이게 하는 에너지의 한 형태 →100쪽

열대 저기압 적도 부근 열대 지역의 따뜻한 바다에서 만들어진 저기압 →139쪽

열전도성 닿아 있는 두 물체 사이에서 온도가 높은 쪽에서 낮은 쪽으로 열이 흐르는 성질 →100쪽

염기 물에 녹아 수산화 이온을 내는 물질 →149쪽

영양소 몸의 구성 성분이나 에너지원이 되는 물질 →101쪽

오목 렌즈 가운데 부분의 두께가 가장자리보다 얇아 빛을 퍼뜨리는 렌즈 →70쪽

온도 물체의 차갑고 뜨거운 정도 →135쪽

온도계 온도를 측정하는 기구 →135쪽

온실 효과 온실처럼 지구의 기온이 높아지는 현상 →138쪽

외떡잎식물 떡잎이 하나만 나며 잎이 좁고 길쭉하며 관다발이 불규칙하고 수염뿌리를 가진 식물 →97쪽

용해 한 물질이 다른 물질로 녹아 들어가는 것 →174쪽

운동 시간에 따라 물체의 위치가 변하는 것 →125쪽

운석 유성이 대기에서 다 타지 못하고 지구로 떨어진 잔해 →194쪽

원소 물질을 이루는 기본 성분 →84쪽

원심력 원운동을 하는 물체가 바깥쪽으로 받는 힘 →166쪽

원추세포 동물 눈의 망막에 있어 색깔을 인지하는 세포 →181쪽

월드 와이드 웹(WWW) 인터넷에서 정보를 쉽게 주고받을 수 있도록 고안된 인터넷 망 →76쪽

위성 행성 주위를 도는 천체 →189쪽

유기물 동물, 식물 등 생명체를 이루고 있는 물질 →112쪽

유성 혜성, 소행성 등에서 떨어져 나온 조각으로 지구의 대기권으로 들어와 대기와의 마찰로 불타며 떨어지는 것 →194쪽

유전자 부모로부터 자식에게 물려주는 특징을 만드는 유전 정보의 기본 단위 →18쪽

유화제 물과 기름 등 섞이지 않는 두 액체를 잘 섞이도록 하는 물질 →169쪽

응결 기체인 수증기가 액체인 물로 변하는 현상 →45쪽

응고 물질의 상태가 액체에서 고체로 변하는 현상 →110쪽

의사소통 생각이나 감정 등을 서로 나누는 행위 →155쪽

이온 전기적 성질을 가진 입자 →130쪽

인력 서로 잡아당기는 힘 →81쪽

인터넷 세계에서 가장 큰 컴퓨터 네트워크 →76쪽

일기 예보 날씨의 변화를 예측하여 미리 알리는 일 →47쪽

◆ ㅈ

자기장 자석의 힘이 미치는 공간 →72쪽

자외선 보라색 바깥쪽에 있고 화학 작용을 하는 빛 →127쪽

자원 인간 생활에 이용되는 원료를 통틀어 이르는 말 →147쪽

자율 신경 대뇌의 직접적인 영향을 받지 않고 몸의 기능을 자율적으로 조절하는 신경 →196쪽

자전 별이나 행성이 일정한 시간 간격으로 스스로 한 바퀴 도는 현상 →186쪽

자전축 지구 자전의 중심이 되는 축 →20쪽

재활용 쓰레기를 다시 쓸 수 있도록 바꾸는 과정 →147쪽

저기압 주변보다 기압이 낮은 곳 →34쪽

저항력 운동을 방해하는 힘 →143쪽

전기 에너지 전기로 일을 할 수 있는 능력 →41쪽

전도 열이 물체를 따라 전달되는 현상 →100쪽

전동기 전류가 흐르는 도체가 자기장 속에서 받는 힘을 이용해 전기 에너지로 회전 운동하게 하는 장치 →166쪽

전류 전기를 띤 입자인 전자의 흐름 →72쪽

전자 원자에서 음전하를 띠고 있는 작은 입자 →31쪽

전정 기관 몸의 움직임과 기울어짐의 평형 감각을 느끼는 기관 →144쪽

전지 화학 에너지를 전기 에너지로 바꾸는 장치 →41쪽

전해질 물에 녹아 이온으로 나누어져 전기가 통하는 물질 →130쪽

정맥 몸의 각 부분에서 혈액을 모아 심장으로 보내는 혈관 →152쪽

젖당 포유동물의 젖에 있는 당분 →99쪽

조개 두 장의 넓적한 껍데기로 몸을 싸고 있는 연체동물 →106쪽

조건 반사 자극에 대해 동물이 학습으로 익히는 반응 →102쪽

종자식물 꽃을 피우고 씨앗을 만들어 번식하

는 식물 →51쪽

중앙 처리 장치 명령어를 해석하여 계산을 실행하는 컴퓨터의 주요 장치 →75쪽

증산 작용 식물 잎의 뒷면에서 물을 수증기로 내보내는 작용 →116쪽

지구 온난화 환경이 파괴되어 지구의 평균 기온이 높아지는 현상 →137쪽

지구의 자전 지구가 자전축을 중심으로 하루에 한 바퀴 도는 현상 →20쪽

지레 한 점을 받치고 그 받침점을 중심으로 물체를 움직여 물체를 쉽게 들어 올리는 장치 →86쪽

지레의 3요소 지레를 구성하는 작용점, 받침점, 힘점의 3요소 →87쪽

지문 손가락 끝마디의 바닥 면에 있는 곡선 무늬 →160쪽

진공 어떤 입자도 없이 비어 있는 공간 →146쪽

진자 흔들리는 추 또는 줄 끝에 추를 매달아 좌우로 움직이게 만든 물체 →122쪽

진자 운동 진자가 좌우로 주기적으로 왕복하는 운동 →122쪽

질량 어떤 물체를 이루고 있는 물질의 고유한 양 →172쪽

ㅊ

착시 뇌가 착각을 일으켜 시각 정보를 잘못 해석하는 현상 →90쪽

청각 소리를 듣는 감각 →179쪽

체순환 좌심실에서 나간 혈액이 온몸을 돌고 우심방으로 들어오는 순환 →132쪽

초음파 진동수가 너무 높아 사람의 귀로 들을 수 없는 음파 →178쪽

충격 물체에 급격히 가해지는 힘 →172쪽

충돌 운동하는 두 물체가 가까이 접근해 서로 부딪치는 것 →172쪽

ㅋ

카페인 식물이 자신을 보호하기 위해 만든 독성 물질의 한 종류로 각성 효과가 있다. →44쪽

컴퓨터 전자 회로로 논리적인 언어를 이용해 다양한 계산을 해 주는 기계 →74쪽

코 호흡기이며 냄새를 맡는 감각 기관 →62쪽

코리올리 효과 지구가 자전하기 때문에 진행 방향이 휘어지는 현상 →186쪽

ㅌ

탄성 모양이 변형되었을 때 원래 모양으로 돌아가려는 성질 →118쪽

탄소 흑연과 숯을 이루고 있는 금속이 아닌 원소 →84쪽

태양의 고도 태양이 지표면과 이루는 각 →134쪽

태풍 중심에서 최대 풍속이 초속 17.2m 이상인 폭풍우를 동반하는 열대 저기압 →139쪽

통각 통증을 느끼는 감각 →185쪽

ㅍ

파동 한 부분에서 생긴 진동이 퍼져 나가는 현상 →91쪽

파장 같은 모양이 반복되는 파동의 최소 길이 →91쪽

폐순환 우심실에서 나간 혈액이 폐를 돌며 이산화 탄소와 산소를 교환하고 다시 좌심방으로 들어오는 순환 →132쪽

포물선 물체가 반원 모양을 그리며 날아가는 선 →118쪽

플라스틱 열이나 압력을 가해 모양을 만들 수 있는 석유 화합물 →83쪽

필수 영양소 우리 몸에서 꼭 없어서는 안 될 영양소 →101쪽

ㅎ

항성 에너지를 내며 스스로 빛나는 별 →192쪽

행성 항성 주변을 도는 천체 →192쪽

혈액 온몸의 세포에 산소와 영양소를 공급하고 노폐물을 운반하는 액체 →151쪽

형광 주변의 빛 에너지를 흡수해 다른 빛으로 내놓아 밝게 보이는 현상 →79쪽

호르몬 혈액을 타고 이동하며 특정 기관에 작용해 몸의 기능을 조절하는 화학 물질 →18쪽

호흡 숨을 들이마시고 내쉬는 작용 또는 들이마신 산소로 에너지를 만들고 만들어진 이산화 탄소를 내뿜는 과정 →131쪽

혼합물 둘 이상의 순수한 물질이 섞여 있는 물질 →28쪽

횡격막 가슴과 배를 나누는 근육으로 된 막 →104쪽

후각 냄새를 맡는 감각 →42쪽

힘 물체의 모양이나 운동 상태를 변화시키는 원인 →81쪽

그린이 구연산

대학에서 만화예술을 공부했으며, 프리랜서 일러스트레이터로 활동하고 있습니다. 그린 책으로는 《TV생물도감의 희귀한 생물 대백과》, 《어린이 자동차 엠블럼 대백과》, 《초등학생을 위한 개념 한국지리 150》, 《초등학생을 위한 개념 경제 150》, 《초등학생을 위한 개념 정치 150》, 《봄·여름·가을·겨울 숲속생물도감》 등이 있습니다.

어린이 과학 질문 사전
왜? 어떻게? 물어볼수록 똑똑해지는 과학 지식 100

1판 1쇄 펴낸 날 2025년 8월 15일

지은이 정윤선
그린이 구연산
주간 안채원
책임편집 채선희
편집 윤대호, 윤성하, 장서진
디자인 김수인, 이예은
마케팅 함정윤, 김희진

펴낸이 박윤태
펴낸곳 보누스
등록 2001년 8월 17일 제313-2002-179호
주소 서울시 마포구 동교로12안길 31 보누스 4층
전화 02-333-3114   **팩스** 02-3143-3254   **이메일** viking@bonusbook.co.kr
블로그 http://blog.naver.com/vikingbook   **인스타그램** @viking_kidbooks

ⓒ 정윤선, 2025
• 이 책은 저작권법에 의해 보호를 받는 저작물이므로 무단전재와 무단복제를 금합니다. 이 책에 수록된 내용의 전부 또는 일부를 재사용하려면 반드시 지은이와 보누스출판사 양측의 서면동의를 받아야 합니다.

ISBN 978-89-6494-764-7 73400

바이킹은 보누스출판사의 어린이책 브랜드입니다.

• 책값은 뒤표지에 있습니다.

바이킹 어린이 도감 시리즈

어린이 비행기 대백과
손봉희 지음 | 구연산 그림

어린이 비행기 조종 대백과
닉 버나드 지음 | 마대우 감수

어린이 비행기 엠블럼 대백과
감 글·그림

어린이 비행기 구조 대백과
이경윤 지음 | 남지우 그림

어린이 자동차 엠블럼 대백과
신기한생각연구소 지음 | 구연산 그림

체험하는 바이킹 시리즈

웹툰 캐릭터 그리기 대작전
이지 지음 | 정원 그림

웹툰 스토리 만들기 대작전
이지 지음 | 정원 그림

DK 체스 바이블
클레어 서머스케일 지음
이은경 옮김

최강 공룡 서바이벌 대백과
고바야시 요시쓰구 감수
이진원 옮김

뚝딱 접어요! 동물농장 종이접기
조 풀먼 지음 | 앤 파쉬에 그림

뚝딱 접어요! 사파리 종이접기
조 풀먼 지음 | 앤 파쉬에 그림

창의력 뿜뿜! 어린이 셰프 요리책
디에나 F. 쿡 지음
달달샘 김해진 감수

창의력 뿜뿜! 어린이 파티시에 요리책
디에나 F. 쿡 지음
달달샘 김해진 감수

정브르가 알려주는 곤충 체험 백과
정브르 지음

정브르가 알려주는 파충류 체험 백과
정브르 지음

정브르가 알려주는 양서류 체험 백과
정브르 지음

TV생물도감의 희귀한 생물 대백과
TV생물도감 지음 | 구연산 그림

교과서 잡는 바이킹 시리즈

STEAM 초등 과학 실험 캠프
조건호 지음 | 민재회 그림

초등학생을 위한 과학실험 380
E. 리처드 처칠 외 지음 | 천성훈 감수

초등학생을 위한 수학실험 365 1학기
수학교육학회연구부 지음 | 천성훈 감수

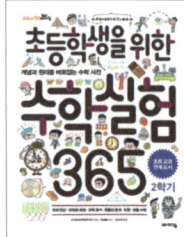
초등학생을 위한 수학실험 365 2학기
수학교육학회연구부 지음 | 천성훈 감수

초등학생을 위한 요리 과학실험 365
주부와 생활사 지음 | 천성훈 감수

초등학생을 위한 요리 과학실험실
정주현, 달달샘 김해진 감수

초등학생을 위한 개념 과학 150
정윤선 지음 | 정주현 감수

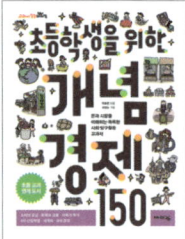
초등학생을 위한 개념 경제 150
박효연 지음 | 구연산 그림

초등학생을 위한 자연과학 365 1학기
자연사학회연합 지음 | 정주현 감수

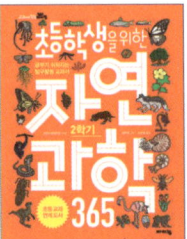
초등학생을 위한 자연과학 365 2학기
자연사학회연합 지음 | 정주현 감수

초등학생을 위한 개념 한국지리 150
고은애 외 지음 | 전국지리교사모임 감수

초등학생을 위한 개념 정치 150
박효연 지음 | 구연산 그림

초등학생을 위한 개념 국어: 고사성어
최지희 지음 | 김도연 그림

초등학생을 위한 교과서 속담 사전
은옥 글·그림 | 전기현 감수

초등학생을 위한 교과서 명작 읽기
최지희 글 | 윤상은 그림

초등학생을 위한 교과서 고전 읽기
최지희 글 | 윤상은 그림